ひとこと接客英語

パピヨン麻衣

同文舘出版

はじめに

「お・も・て・な・し」。

2013年国際オリンピック委員会の総会で、招致アンバサダーを務めた滝川クリステルさんが日本の「おもてなし」を紹介したことが記憶に新しい中、2020年東京オリンピック、2025年大阪万博と次々に外国人旅行客へ日本のおもてなしをさせていただける機会がやってまいりました。

日本が誇る「相手を慮(おもんぱか)る気持ち」をさらに魅せる（見せる）ことのできるチャンスの到来です！

そして、すでに年間3,000万人を超える訪日外国人旅行客に対し、日々サービスをされている方々が本書を手に取ってくださっていることと思います。

本書は、英語というコミュニケーションツールを使い、日本が誇る「おもてなし」を日本代表としてサービスをされる皆様のお役に立てる本として書かせていただきました。

私自身が、異国の地で外国人になった経験から気づいた、海外で過ごすことへの期待や不安、悩み事やあるとうれしいサービス。そして日本のサービスの繊細さ。

海外で出会った英語力がそこまでなくても、笑顔で堂々とサービスをする外国人の方々への好感と感動。

そんな背景を持つ私だからこそ、お伝えできることがたくさんあると思います。

私は英語の教師ではありませんが、日本の接遇と海外での経験から、本当に現場で必要なシンプルな英語表現であったり、実際伝わりやすい表現として使われている言いまわしなどを記せたと思っています（ネイティブチェックとして関わってくださった在米20年以上、ニューヨークでヘルスコーチとして活躍されているKuroda Mariさんも生きた英語としてチェックくださいました）。

ですから、英語をスラスラと話せるようになることが目的ではありません。日々接する外国人のお客様に、英語という言語を使い皆様の心を添えた接遇ができるようになることが目的です。

ぜひ、昨日よりも今日、今日よりも明日、外国からのお客様に日本を楽しんでいただけるよう、ひとつの単語からでも自信を持ってどんどん使っていきましょう！

飲食店・ショップ・宿泊施設　シンプルだからすぐに話せる！

ひとこと接客英語

目次

はじめに

PROLOGUE

そもそも「おもてなし」とは？　010

言葉以外のコミュニケーションツールの活用　012

母国語が英語でないお客様とのコミュニケーション　014

● コラム　相手が求める"答え"をしっかりと伝えるコツ

Part 1
基本の接客英語

挨　拶　お客様を迎える　018

お礼・お願い　接客２大フレーズ　020

便利な言葉　よく使うフレーズ集　022

● コラム　ジェスチャーを読み取る

Part 2

飲食店

入　店　人数確認　034
入　店　お待ちいただく　036
入　店　予約の確認　040
入　店　席の確認　042
入　店　荷物を預かる　046
入　店　席への誘導　048

オーダー　メニュー表を渡す　052
オーダー　注文を聞く　058
オーダー　おすすめ料理を伝える　060
オーダー　食材の紹介　064
オーダー　アレルギーの確認　068
オーダー　料理の量について　072
オーダー　飲み物提供の確認　074
オーダー　注文の確認　078

食事中　食事の提供　080
食事中　食べ方の説明　084
食事中　食べ方の説明（調味料など）　088
食事中　お皿を下げる　090
食事中　デザートの注文　092
食事中　食事が終わる頃に　094

案　内　トイレへのご案内　098
案　内　景観の説明　100

会　計　レジへのご案内　102
会　計　お支払い　104
会　計　お見送り　108

電話応対　電話で予約を承る　110

専門店別フレーズ　寿 司 店　116
専門店別フレーズ　和食店・天ぷら店　120
専門店別フレーズ　ラーメン店　124
専門店別フレーズ　お好み焼き店　126
専門店別フレーズ　うどん・そば店　128
専門店別フレーズ　中華料理店　132
専門店別フレーズ　居 酒 屋　134
専門店別フレーズ　洋 食 店　136
専門店別フレーズ　喫茶店・カフェ　138
専門店別フレーズ　ファーストフード　140
専門店別フレーズ　猫カフェ・メイド喫茶　142

● **コラム**　言いまわしのバリエーションがあれば、怖くない！

Part 3

ショップ

来　店　お客様を迎える　146

来　店　探している商品をお聞きする　148

来　店　人気商品の紹介　152

来　店　在庫の確認　156

ファッションショップ　試　着　158

ファッションショップ　サイズ・色の確認　162

ファッションショップ　素材や機能の説明　168

食品ショップ　試食のおすすめ　172

食品ショップ　保存の説明　176

食品ショップ　お土産　180

会　計　レジでの会計　182
会　計　買い物袋　186
会　計　配　送　190
会　計　免税手続き　196
会　計　商品の説明書・保証書　200
会　計　返品対応　202
会　計　営業時間のお知らせ　206

専門店別フレーズ　日本のお土産店　208
専門店別フレーズ　ドラッグストア　214
専門店別フレーズ　家電量販店　220
専門店別フレーズ　書　店　224
専門店別フレーズ　コンビニ　226
専門店別フレーズ　アニメ・キャラクターショップ　228

● コラム　英語上達のヒント

Part 4

宿泊施設

チェックイン　予約の確認　234
チェックイン　受　付　238
チェックイン　空き状況の確認　240
チェックイン　部屋へのご案内　244
チェックイン　朝食の確認　246
チェックイン　大浴場へのご案内　248
チェックイン　さまざまなお客様対応　250

周辺案内　地域情報をお伝えする　256
周辺案内　乗り物・観光案内　260

チェックアウト　両　替　264
チェックアウト　精　算　268
チェックアウト　お見送り　272

電話応対　電話で予約を承る　276

宿泊施設別フレーズ　旅　館　282
宿泊施設別フレーズ　民　泊　286
宿泊施設別フレーズ　ホームステイ　290

● **コラム**　「おもてなし力アップ」に必要なこと

カバーデザイン　ホリウチミホ（ニクスインク）
本文デザイン・DTP　マーリンクレイン
カバー・本文イラスト　うてのての

PROLOGUE

そもそも「おもてなし」とは？

「おもてなし」という言葉が世の中に飛び交っていた頃、私は日本の企業で会長秘書をしておりました。海外からのお客様がいらっしゃる機会も多く、はたして私は「おもてなし」ができているのだろうかと、その言葉の意味を調べたことがあります。

すると、「おもてなし」の意味には、①「もてなす」の丁寧語として「お客様に応対する扱い・待遇」、②言葉の通り「表裏がない心でお客様を迎える」という２つの語源があると記されていました。

まず、①のお客様に応対する扱い・待遇は、**それぞれのお客様の「求めていること」を察してそれを叶えること。**さらにはその期待をいい意味で裏切るような気遣いだと理解しています。

そして、それに必要なのは**「相手の心を察する力」**。

例えば、空港のインフォメーションカウンターに急ぎ足で来たお客様。もちろん心を込めて対応はするのですが、場合によって、急ぎのお客様には丁寧な説明よりも「YES」か「NO」かを真っ先に伝えることが喜ばれる場合もあります。そんな時、「お客様は急いでいらっしゃるぞ。とにかくできるかできないかを知りたい様子（チケットを手にしていることから）。長く説明する時間はなさそうだぞ」と察し、ならば「Yes. Then go to the gate A please!

(できます。そしてＡゲートへ行ってください！)」という簡潔な答えが相手が一番ほしい対応だと拝察します。

間違えていただきたくないのですが、**「心を込めて対応する＝丁寧に時間をかけて対応する」ということではない**点です。きれいで完璧な英語を使うことよりも、あくまでも「相手が求めていることを叶える」ことが一番です。

ですから、あえて伝わりやすい短い言葉で表現をすることで、わかりやすいコミュニケーションを目指しましょう。

そして、②表裏がない心でお客様を迎える、という対応の代表としてよくあげられるのが「チップを求めない日本人の心」です。海外では、レストランなどで接客を受けた際にチップを渡すのが習慣とされていますね。一方、日本では、高級ホテルからレストラン、チェーン店のカフェからコンビニまで、度合いに差はあるにせよ、無償で「お客様」として丁寧な扱いをします。私自身、海外で生活しながら様々なサービスに接する中で、**見返りを求めず、相手を敬い丁寧に扱うことができるのは日本人の長所**であると強く感じています。

相手の心を察する力を使うことで、良質のおもてなしができるのです。ごく簡単な接客英語でも、文法がパーフェクトでなくとも、言葉に「心」を添えることで極上のおもてなしは可能なのです。

言葉以外の
コミュニケーションツールの活用

コミュニケーションというのは、お互いを理解するために行なうものです。その時にぜひ取り入れていただきたいのが**「コミュニケーションツール」**です。本書ではそれを「お役立ちツール」として例文や事例を載せています。

このツールのポイントは**「情報の可視化」**です。

情報を伝えたい時、言葉だけで伝えるというのは日本語でも難しい場合があります。そこでメモに要点を書いたり、イラストを添えて説明したりする時もありますね。

接客の場面で言うならば、**言葉で伝えながら、目や表情でも訴える**ということです。これは、特に言葉に自信がない時に、大きな助けとなります。そして、相手が理解する時間の短縮にもつながります。

例えば、場所の説明。その場所を説明できる地図を事前につくっておけば、指でさしながら「ここを通って」「ここを曲がって」「ここが目的地です」と簡単な英語で伝えればよいだけです。

また、飲食店ならば、料理の材料やアレルギー対応の説明には多くの語彙が必要となります。それならば、先にその説明が記してあるツールを準備しておけばいいのです。それにより、**誰が対応しても統一した回答やサービスができる**のもプラスのポイントです。

以前、私が講師を担当したとある研修先では、外国人のお客様に説明が必要な場面で、常に英語が話せる人が対応をして、その他の人たちは後ろに引っ込むという状況が生じている店舗がありました。そこで、ツールを準備しておくことにより、誰もが臆せず対応できるようになり、サービスの質の統一化も図ることができたという結果がでました。

コミュニケーションをよくし、理解度を上げるためには、情報の共有を多くすることが一番ですから、**「言葉という耳から入る情報」「可視化による目から入る情報」**を提供することを目的に、必要なサインや看板、案内図や地図などを用意することを強くおすすめします。

母国語が英語でないお客様とのコミュニケーション

訪日外国人旅行客のうちには、英語が母国語ではない方々も多くいらっしゃいます。そんな方とも共通言語として英語でコミュニケーションを取るものの、お互い慣れていない言語を使っている背景も鑑みて、気をつけたいことを考えてみましょう。ここでは２つのポイントをお伝えします。

ひとつ目は、**「シンプル＆クリアな表現」**です。つまり、表現をわかりやすく、そして明らかにするということです。例えば、「I'm afraid ～～」（残念ながら～～です）というフレーズは、お断りする場合や言いにくいことを伝える時によく使いますが、相手が英語をあまり理解していないと、相手のことを理解しようと耳を傾けているからこそ、先にわからない言葉が聞こえてくると、そこで「この言葉（ここでは「afraid」）ってなんだっけ？」とつまずいてしまうのです。その結果、先を聞き逃したり、結局すべて伝わらなかったりしてしまいます。

それであれば、シンプルでクリアな「No」や「We can't」などの「できない」という言葉をまず伝えて、残念そうな表情やジェスチャー（この場合ならば、日本の文化であるお辞儀など）でフォローすればよいのです。

丁寧な言葉を使おうとすればするほど、長いセンテンスや難解な表現になってしまいがちです。一番は相手の「求めていることを察してそれを叶えること」です。「できるかできないかを知りたい」というお客様には、(「残念ながら」という気持ちを添えて)「できない」ことが伝わればよいのです。

本書でもなるべくシンプルでクリアな表現を中心にこれからお伝えしていきます。

2つ目は、**「ここまで理解できていますか?」**という言葉をはさむことです。特に何段階もある行程を説明するとか、時間のかかる行先の説明、システムの説明などをする際には必ず入れることをおすすめします。「Are you with me?」や、もっとシンプルに「OK?」でもよいでしょう。

「外国人との緊張する会話を早く終えたい」という気持ちが募り、マニュアル通りの言葉を一気に伝え、「以上です! どうかこれ以上説明させないで!」という雰囲気で終わっている場面に遭遇することがまれにあります。しかし、結局何も伝わっていないことにより、さらに早口な質問が来たり、理解できないまま会話が終わってしまうことになるかもしれません。そうならないように、説明の合間に相手の理解度を確認しながら会話を進めることを試してみてください。お客様により一層、「丁寧な対応をしてもらった」という印象を残すことができるでしょう。

相手が求める“答え”を
しっかりと伝えるコツ

私は仕事柄、プライベートの時でも、サービスをされている方々を観察してしまうくせがあります。海外からのお客様に限らず、トラブルとしてよく見かけるのが「曖昧な表現による伝達トラブル」です。日本特有のオブラートに包んだ表現が、ときに「それで？　できるの？　できないの？　結論はどっちなの？」と思われたり、「え？　さっきはできるって言ってなかった？　できないって意味なの？」というような事態を引き起こしてしまっているのです。

「相手の求めていることを叶える」という点では、はっきりとした“結論”を伝えることが大切です。特に英語表現では、必ず先に結論がくるように、まずは「YES」か「NO」をはっきり伝えましょう。できるかできないか、間に合うか間に合わないか、食べられるか食べられないか、わかるのかわからないのか、これらを最初に伝えるのです。

「YES」か「NO」よりも先に状況を説明すると、場合によっては言い訳に聞こえるというマイナス点も発生してしまいます。特に急いでいる方にこそ、結論からはっきりと、そして必要に応じて背景の説明やさらなるアドバイスを添えるようにしましょう。

COLUMN

Part 1

基本の接客英語

挨拶

お客様を迎える

いらっしゃいませ！ こんにちは。

Irasshaimase!

イラッシャイマセ

Hello.

ヘロー

英語では「いらっしゃいませ」と同じ意味の言葉はありません。「Welcome.（ウェルカム）」でも間違ってはいませんが、普段の挨拶と同じ「いらっしゃいませ」に加えて、「Hello.」が時間帯に関係なく適しています。

また、ひとりの店員の挨拶に続いてお店にいる店員全員が「いらっしゃいませ」と復唱することも日本だけの習慣です。

ここは、日本のお店に来たということを感じていただくためにも、普段通りの挨拶でお迎えしましょう。

朝：おはようございます。

Good morning.
グッモーニン

正午以降：こんにちは。

Good afternoon.
グッアフタヌーン

夕方以降：こんばんは。

Good evening.
グッイヴニン

➔ハイクラスのレストランやカフェならば、「Hello.」だとカジュアルすぎる場合もあります。時間帯に応じ、上記３つのフォーマルな挨拶をしましょう。

おはようございます。お客様。

Good morning,ma'am.
グッモーニン　マアム

➔さらに丁寧にするために、挨拶のあとに相手への敬称をつけることをおすすめします。

男性　/　女性

Sir　/　ma'am
サー　マアム

元気です。お客様はいかがですか？

Great, and you?
グレイト　アンジュー

➔お客様から「How are you?（ハウ アー ユー）」（お元気ですか？）とお声かけがあった場合は、このように答えてお客様にも聞き返しましょう。

お礼・お願い

接客2大フレーズ

ありがとうございます。

Thank you.

センキュー

何かお手伝いしましょうか？

May I help you?

メイアイ　ヘルプユー

➔同じ意味の「Can I help you?（キャナイ ヘルプユー）」は少しカジュアルな雰囲気になります。

お越しいただき、ありがとうございます。

Thank you for coming.
センキュー　フォー　カミング

お待ちいただき、ありがとうございます。

Thank you for waiting.
センキュー　フォー　ウェイティング

➔入店時やお会計時にお待ちいただいた場合などにお伝えしましょう。「すみません」という日本語から考えると「Sorry.」を使いたくなりますが、「Thank you.」を使います。

私たちを選んでくださり、ありがとうございます。

Thank you for choosing us.
センキュー　フォー　チューズィングアス

➔同じジャンルのお店が並んでいる場合（例：ラーメン横丁など）。

確認します。

Let me check.
レッミー　チェック

➔空席や予約名を確認したり、在庫を調べる際に使える表現です。

お待ちください。

Please wait here.
プリーズ　ウェイト　ヒーア

➔「Here（ヒーア）」（ここ）や「Over there（オーヴァーゼア）」（あそこ）をつけて、どこで待つかを明確にしましょう。

少しお待ちください。

Please wait a minute.
プリーズ　ウェイトア　ミニットゥ

➔「1分お待ちください」という意味ではなく、30秒から5〜10分の「短い時間」を指します。具体的に「1分」と伝えたい時は「a minute」ではなく、「one minute（ワン ミニッ）」と伝えます。

便利な言葉

よく使うフレーズ集

旅行を楽しんでください！

Enjoy your trip!

エンジョイ ユア トリップ

実際のやり取りの中で、特に必要のない言葉であっても、その一言が、お客様との心の距離を近づけたり、安心していただくことにつながる声かけがあります。そして、接客自体もグンと楽しくなることでしょう。この項目で出てくるフレーズは、使う場面によって、覚えたり、ツールとして作成したりしましょう。

会話バリエーション

そうです。

Yes. / That's right.
イエース　ザッツライッ

➔「That's right.」は、「その通りです」の意味合いの際に使います。

違います。

No. / I'm afraid not.
ノー　アイム　アフレイド　ノット

➔「I'm afraid not.」は、「残念ですが」の意味合いの際に使います。

もちろんいいですよ。

Sure. / Certainly.
シュア　サートゥンリー

➔お客様に頼み事をされた時、「かしこまりました」の意味で「もちろんです」と言いたい場合でも「Of course.（オフコース）」は使いません。なぜなら、「もちろん、それを私に頼んでもよいですよ」と許可の意味合いが入ってしまうためです。

わかりました。

I see. / OK. / I understand.
アイ　スィー　オーケィ　アイ　アンダースタンドゥ

➔「I understand.」は、「お客様の発言内容を理解しました」という意味合いで使います。

できます。

Yes, we can.
イエス　ウィーキャン

➔「Can you～～?」（～～できますか ?）の質問に対しては、まずは YES・NO を伝えることで迅速に回答しましょう。「We」を使うことで、「お店としての公式な対応」というイメージを持たせます。

かしこまりました。

Certainly.　/　Sure.
サートゥンリー　シュア

もう一度言っていただけますか？

I'm sorry?
アイムソーリー

➔語尾を上げて言うことにより、「すみません。何とおっしゃいましたか？」という意味合いになります。

もう一度言っていただけますか？（丁寧な言いまわし）

Could you say it again?
クッジュー　セイイットゥ　アゲイン

➔「Can」ではなく、「Could」を使うことにより丁寧な印象になります。「Pardon?（パードゥン）」は実際には（特にアメリカ英語）使わない場合が多いです。

英語が話せる者を連れて来ます。

I will bring someone who can speak English.
アイウィル　ブリングサムワン　フーキャン　スピークイングリッシュ

大丈夫ですか？

Are you okay?　/　Are you alright?
アーユー　オーケイ　アーユー　オーライ

申し訳ございません。

I am sorry.
アイアム　ソーリー

➔「I'm」と略さずに「I am」と言うと、少しだけ丁寧になります。

申し訳ございません。

We are sorry.
ウィーアー ソーリー

➔ 店舗として、組織としての謝罪には「We」を使います。

今、よろしいでしょうか？

Could I have a minute?
クドゥ アイ ハヴア ミニッ

お時間ありますか？

Do you have a moment?
ドゥ ユー ハヴア モーメントゥ

すぐに持ってきます。

I'll bring it soon.
アイゥ ブリング イットゥ スーン

すぐに持ってきます。

I'll get it right away.
アイゥ ゲレットゥ ライタウェイ

喜んで。

My pleasure.
マイプレジャー

すばらしい！

Wonderful!
ワンダフォー

すばらしい！（能力や質が優れている時）

Great!
グレィト

〇〇してください。

Please 〇〇（動詞の原形）.
プリーズ

〇〇してもよろしいですか？

May I 〇〇（動詞の原形）？
メイ　アイ

ありがとう。助かります。

Yes, please.
イエス　プリーズ

お役に立てて幸いです。

I'm glad I could help.
アィム　グラーッド　アイクドゥ　ヘルプ

お役に立てて幸いです。

I'm happy I could help.
アィム　ハッピー　アイクドゥ　ヘルプ

どういたしまして。

You are welcome.　/　My pleasure.
ユーアーウェルカム　マイプレジャー

いつでもどうぞ。

Anytime!
エニタイム

大丈夫です。

It's OK! / It's all right.
イッツ　オーケイ　イッツ　オーライ

気にしないでください。

No worries. / Not a problem.
ノー　ウォリーズ　ノット　ア　プロブレム

どちらの国からいらっしゃったのですか？

Where are you from?
ホェア　アーユー　フロム

日本は初めてですか？

First time to Japan?
ファースト　タイム　トゥ　ジャパン

浅草を楽しんでください。

Enjoy at Asakusa!
エンジョーィ　アットゥ　アサクサ

よい１日をお過ごしください。

Have a nice day.
ハヴァ　ナイス　デイ

よい１日をお過ごしください。

Have a great day.
ハヴァ　グレィト　デイ

よい旅を！（ご旅行であるとお聞きした場合）

Have a nice trip!
ハヴァ　ナイス　トゥリップ

単語帳

数字

- □ 0 zero ズィロウ
- □ 1 one ワン
- □ 2 two トゥ
- □ 3 three スリー
- □ 4 four フォー
- □ 5 five ファイブ
- □ 6 six スィックス
- □ 7 seven セブン
- □ 8 eight エイトゥ
- □ 9 nine ナイン
- □ 10 ten テン
- □ 11 eleven イレブン
- □ 12 twelve トゥエルブ
- □ 13 thirteen サーティーン
- □ 14 fourteen フォーティーン
- □ 15 fifteen フィフティーン
- □ 16 sixteen スィックスティーン
- □ 17 seventeen セブンティーン
- □ 18 eighteen エイティーン
- □ 19 nineteen ナインティーン
- □ 20 twenty トゥエンティー
- □ 30 thirty サーティー
- □ 40 forty フォーティー
- □ 50 fifty フィフティー
- □ 60 sixty スィックスティー
- □ 70 seventy セブンティー
- □ 80 eighty エイティー
- □ 90 ninety ナインティー
- □ 100 one hundred ワン ハンドレッドゥ
- □ 200 two hundred トゥーハンドレッドゥ
- □ 300 three hundred スリー ハンドレッドゥ
- □ 1,000 thousand サウザンドゥ
- □ 2,000 two thousand トゥー サウザンドゥ
- □ 10,000 ten thousand テン サウザンドゥ
- □ 20,000 twenty thousand トゥエンティーサウザンドゥ

序数（順番を表わす数字）

- □ 1st first ファースト
- □ 2nd second セカンドゥ
- □ 3rd third サード
- □ 4th fourth フォース
- □ 5th fifth フィフス
- □ 6th sixth スィックス
- □ 7th seventh セブンス
- □ 8th eighth エイス
- □ 9th ninth ナインス
- □ 10th tenth テンス

曜日（末尾は略語）

□ 曜日	day of week デイ オブウィーク	
□ 日曜日	Sunday サンデイ	Sun.
□ 月曜日	Monday マンデイ	Mon.
□ 火曜日	Tuesday チューズデイ	Tue. (Tues.)
□ 水曜日	Wednesday ウェンズデイ	Wed.
□ 木曜日	Thursday サーズデイ	Thurs. (Thur.／Thu.)
□ 金曜日	Friday フライデイ	Fri.
□ 土曜日	Saturday サタデイ	Sat.

月（末尾は略語）

□ 1 月	January ジャニュアリー	Jan.
□ 2 月	February フェブラリー	Feb.
□ 3 月	March マーチ	Mar.
□ 4 月	April エイプリル	Apr.
□ 5 月	May メイ	May
□ 6 月	June ジューン	Jun.
□ 7 月	July ジュライ	Jul.
□ 8 月	August オーガストゥ	Aug.
□ 9 月	September セプテンバー	Sep.
□ 10 月	October オクトーバー	Oct.
□ 11 月	November ノーベンバー	Nov.
□ 12 月	December ディッセンバー	Dec.

時間

□ 年	year イヤー
□ 月	month マンス
□ 日	day デイ
□ 時	hour アワー
□ 分	minute ミニットゥ
□ 秒	second セカンドゥ
□ 午前	morning モーニング
□ 午後	afternoon アフタヌーン
□ 夕方	evening イヴニング
□ 夜	night ナイト
□ 昨晩	last night ラストナイトゥ
□ 今朝	this morning ディス モーニング
□ 明朝	tomorrow morning トゥモロウ モーニング
□ 毎朝	every morning エヴリ モーニング

日

□ 今日	today トゥデイ
□ 明日	tomorrow トゥモロウ
□ 明後日	day after tomorrow デイ アフタァ トゥモロウ
□ 昨日	yesterday イエスタデイ
□ 一昨日	day before yesterday デイ ビフォー イエスタデイ

方向

□	上	above アバーヴ
□	下	under アンダー
□	右	right ライトゥ
□	左	left レフトゥ
□	まっすぐ	straight ストゥレィトゥ
□	前	front フローントゥ
□	後ろ	back / behind バック　ビハインドゥ
□	そば	beside ビサイドゥ
□	AとBの間	between A and B ビトゥイーン　AアンドゥB
□	外	outside アウトサーイドゥ
□	中	inside インサーイドゥ
□	北	north ノース
□	南	south サーウス
□	東	east イーストゥ
□	西	west ウェストゥ
□	北東	northeast ノースイーストゥ
□	南東	southeast サウスイーストゥ
□	北西	northwest ノースウェストゥ
□	南西	southwest サウスウェストゥ
□	全方向	all directions オーゥディレクションズ

場所

□	場所	place プレィス
□	建物	building ビゥディング
□	駅	station スティション
□	学校	school スクーゥ
□	公園	park パーク
□	郵便局	post office ポスト オフィス
□	図書館	library ライブラリー
□	教会	church チャーチ
□	レストラン	restaurant レストラント
□	農場	farm ファーム
□	展望台	observation deck オブザベーション　デック
□	博物館	museum ミューズィアム
□	美術館	art museum アート ミューズィアム
□	銀行	bank ビャーンク
□	病院	hospital ホスピタゥ
□	ホテル	hotel ホテゥ
□	市場	market マーケット
□	動物園	zoo ズゥ
□	植物園	botanical garden ボタニカゥ　ガーデン
□	水族館	aquarium アクアリウム
□	劇場	theater スィアター
□	理容室	barber バーバー
□	美容院	hair salon ヘアサロン
□	ネイルサロン	nail salon ネイゥサロン
□	温泉	hot spring ホッ スプリング
□	港	port ポートゥ

建物内の場所

□	入口	entrance	エントゥランス
□	出口	exit	エグズィットゥ
□	玄関	front door	フロント ドア
□	非常口	emergency exit	エメージェンシーイグジット
□	エレベーター	elevator	エレベイター
□	エスカレーター	escalator	エスカレイター
□	階段	stairs	ステアズ
□	トイレ	rest room	レスト ルーム
□	授乳室	nursing room	ナーシング ルーム
□	インフォメーションカウンター	information counter	インフォメイション カウンター
□	サービスカウンター	service counter	サービス カウンター
□	免税カウンター	duty free counter	ドゥーティフリー カウンター
□	会計レジ	accounting cash register	アカウンティング キャッシュ レジスター
□	ATM	ATM	エーティーエム
□	駐車場	parking lot	パーキングロット
□	駐輪場	bicycle parking	バイスィコー パーキング
□	自動販売機	vending machine	ベンディング マシーン
□	休憩所	rest area	レスト エリア
□	待合室	waiting room	ウェイティング ルーム
□	喫煙所	smoking area	スモーキング エリア
□	ゴミ箱	garbage can	ガーベッジ キャン
□	集合場所	the meeting place	ズィ ミーティング プレイス
□	広場	square	スクエア
□	催事場	exhibition hall	エキシビション ホール
□	チケット売り場	ticket office	ティケット オフィス
□	グッズ販売所	goods sales office	グッズ セールス オフィス
□	案内板	information	インフォメイション
□	フロアマップ	floor map	フロア マップ
□	連絡口	contact	コンタクト
□	救急室	emergency room	エマージェンスィ ルーム
□	試着室	dressing room	ドレッスィング ルーム
□	1階	1st floor	ファーストフロア
□	2階	2nd floor	セカンド フロア
□	地下1階	1st basement floor	ファースト ベースメント フロア
□	最上階	top floor	トップ フロア
□	屋上	rooftop	ルーフトップ

人物

□	店員	staff	スタッフ
□	店長	manager	マネジャー
□	担当係	person in charge	パーソン イン チャージ
□	調理師	cooks	コックス
□	駅員	station staff	ステイションスタッフ
□	案内係	guide	ガイド
□	運転士	driver	ドゥライバー
□	通訳	interpreter	インタープリター
□	警察	police	ポリス

ジェスチャーを読み取る

言葉が通じない時に、ジェスチャーで伝えようとするのは万国共通です。内容のみならず、ジェスチャーを多くしている場合は、「この想いを伝えたい！」「わかってほしい！」という気持ちの現われです。日本語をはじめとして、言語自体に表現力がある国はジェスチャーが小さいと言われていますが、外国人旅行客のジェスチャーの大きさや多さから、相手の伝えたいことの重要度や緊急度が理解できるとも言えるでしょう。

別の視点ですが、日本人が当たり前にする「うなずき」。ヨーロッパ系の人々は特にそれをしません。ですから、相手が無反応で、理解しているかわからない時は、「ここまで大丈夫ですか？」という意味の「Do you understand so far?」と確認することも必要です。

逆に、普段しているジェスチャーが外国人のお客様には伝わらないことやまったく違う意味に捉えられてしまうこともあります。例えば、「違います」という時に、鼻の前で手をひらひらさせることがありますが、欧米では「匂う（臭い）」というサインだったり、イタリアでは「頭は大丈夫？」という意味の侮辱になる場合もあるのです。また、自分の顔を人差し指でさして、「私」を表わすことがありますが、欧米では「鼻がかゆいの？」と思われてしまいます。「自分」を指す場合、指で自分の胸の当たりを指すか、手を軽く胸に当てます。

国によってジェスチャーの意味は変わりますから、使い方に注意していきましょう。

Part 2

飲食店

入店

人数確認

何名様ですか？

How many?

ハウメニー

「How many?」という簡単な表現で十分に通じます。

日本のレストランへの入店に慣れていない場合も多いので、お客様に「言いたいことは伝わるんだ」という安心感を持っていただくためにも、簡単な表現でいいでしょう。

そのためにも、例えば3名様がいらっしゃった際には、声かけをしながらも、指で「3」を示せば親切です。

お互いにとってスムーズなコミュニケーションを考えていきましょう。

会話バリエーション

何名様ですか？（かしこまった表現）

How many people are in the group?
ハウメニーピーポー アー インズィ グループ

おひとり様ですか？

Table for one?
テーボー フォー ワン

他にどなたかをお待ちですか？

Are you expecting more people?
アーユー エクスペクティング モアピーポー

３名様ですね。

You are three, right?
ユーアー スリー ライッ?

２人ですが、席はありますか？

Do you have a table for two people?
ドゥユーハヴァ テーボー フォー トゥーピーポー

申し訳ございません。ただいま満席です。

Sorry, we are full.
ソーリー ウィーアー フゥ

お待ちいただけますか？

Could you wait?
クッジュー ウェイッ

入 店

お待ちいただく

並んでお待ちください。

Wait in line,
ウェイトゥ イン ライン

please.
プリーズ

海外の方は、あまり並び慣れていない人も多いので、並んでほしい向き等を「in line」の部分で、ジェスチャーで示しながらお知らせしましょう。

また、大体でよいので、「About 10 minutes, thank you.（アバウト テン ミニッツ センキュー）」（約10分です。ありがとうございます）や、「Three groups are waiting.（スリーグループス アー ウェイティング）」（前に3組お待ちです）など、数値で目安をお伝えすると親切です。

こちらでお待ちください。

Please wait here.
プリーズ　ウェイトゥ　ヒーア

➔前にお客様がいらっしゃって、お待ちいただく状況の場合、待つ場所をジェスチャーで示しながら言いましょう。

どれくらい待ちますか？

How long do we have to wait?
ハウロン　ドゥウィハフトゥ　ウェイトゥ

約10分です。

About ten minutes.
アバウト　テン　ミニッツ

20分くらい待っていただきますが、大丈夫ですか？

Is it ok for you to wait about twenty minutes?
イズイットゥ　オーケイ　フォーユー　トゥ　ウェイトゥ　アバウトゥ　トゥエンティミニッツ

お名前をウェイティングリストに書いてお並びください。

Please write down your name and wait line here.
プリーズ　ライトダウン　ユアネィム　アン　ウェイトゥ　ライン　ヒーア

お名前を教えてください。（リストを指し示しながら）

Name please?
ネィム　プリーズ

次にお並びのお客様、どうぞ。（次のお客様を呼ぶ時）

Next in line, please.
ネクストゥ　インライン　プリーズ

夜 10 時で閉店となります。

We're closing at 10:00 pm.
ウィアー　クローズィン　アットゥ　テンピーエム

あと 30 分でラストオーダーとなります。
よろしいですか？

Last order is in about thirty minutes. Is that okay?
ラスト　オーダー　イズイン　アバウト　サーティミニッツ　イズ　ザットゥ　オーケイ

単語帳

主な飲食店の種類

- □ 日本料理店　Japanese restaurant（ジャパニーズ　レストラントゥ）
- □ 寿司店　sushi restaurant（スシ　レストラントゥ）
- □ 天ぷら店　tempura restaurant（テンプラ　レストラントゥ）
- □ ラーメン店　ramen restaurant（ラーメン　レストラントゥ）
- □ お好み焼き店　okonomiyaki restaurant（オコノミヤキ　レストラントゥ）
- □ 牛丼店　beef bowl restaurant（ビーフ　ボウル　レストラントゥ）
- □ 中華料理店　Chinese restaurant（チャイニーズ　レストラントゥ）
- □ イタリアン　Italian restaurant（イタリアン　レストラントゥ）
- □ フレンチ　French restaurant（フレンチ　レストラントゥ）
- □ タイ料理店　Thai restaurant（タイ　レストラントゥ）
- □ カレー店　curry restaurant（カリー　レストラントゥ）
- □ 定食店　set meal restaurant（セット　ミール　レストラントゥ）
- □ 居酒屋　izakaya（イザカヤ）
- □ 喫茶店　coffee shop / cafe（コーフィ　ショップ　カフェ）
- □ ファミリーレストラン　family restaurant（ファミリー　レストラントゥ）
- □ そば店　soba shop（ソバ　ショップ）

並ぶことに慣れていないことを考慮し、並ぶ位置に「Please wait here.」（こちらにお並びください）という張り紙を貼ることも有効です。

また、ウェイティングリストにも英語表記をしておくとよいでしょう。

海外では、電話で呼び出すシステムも多いので、電話番号を書こうとする場合もあるので、電話の枠や備考欄はつくらないほうがいいでしょう。そして、「その場所で待っていなければいけない」という意味の「Please wait in line.」という表示も、わかるように明記しておきましょう。

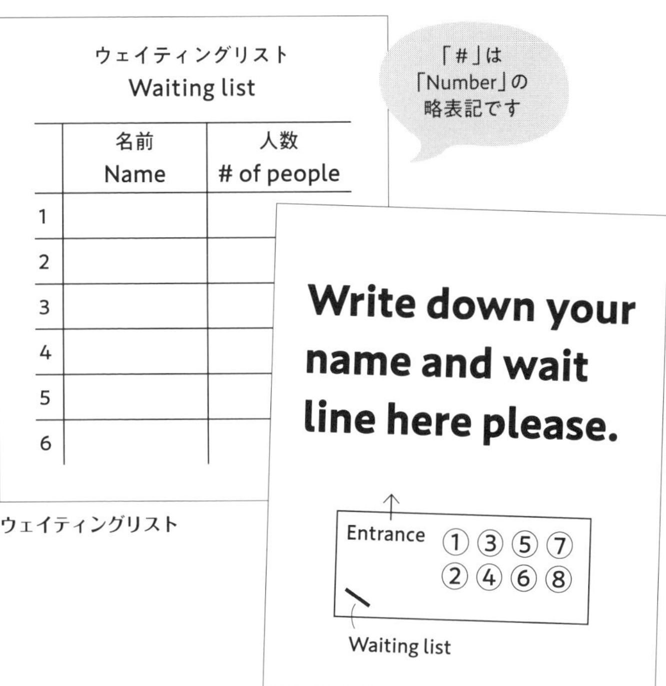

ウェイティングリスト

「お名前を書いて、こちらにお並びください」

入 店

予約の確認

ご予約はされていますか？

Do you have a reservation?

ドゥ ユー ハヴァ リザベーション

日本語でしか予約ができない、または英語でのWEB予約システムを設けていないお店が多い背景もあり、予約が必要でも予約をせずにお越しの方が多い状況があります。当日のご来店は無理でも、お客様を逃すことのないように、次につなげるコミュニケーションも必要でしょう。

予約がなくとも食事していただけること、または予約は必要だが別の日なら空いていることなどを続けてご案内できるようにしておきましょう。

会話バリエーション

はい。スミスです。

Yes. I'm Smith.
イエス　アイム　スミス

スミス様、ご予約ありがとうございます。

Thank you for your reservation, Mr. Smith.
センキュー　フォー　ユアリザベーション　ミスター　スミス

スミス様、お待ちしておりました。

We've been expecting you, Mr. Smith.
ウィヴ　ビーン　エクスペクティング　ユー　ミスター　スミス

申し訳ございません。予約制となっております。

Sorry, a reservation is required.
ソーリー　ア　リザベーション　イズ　リクワイァードゥ

別の日をご予約されますか？

Would you like to make reservation on a different day?
ウッジューライク　トゥメイク　リザベーション　オンアディッファレント　デイ

ご予約は電話で承っております。

Please make a reservation by phone.
プリーズ　メイカ　リザベーション　バイ　フォン

Part 2 飲食店

予約の確認

入店

席の確認

椅子席と座敷席、
どちらがよろしいですか？

Would you like to be steated at table or in a Japanese style room?

ウッジュー ライク トゥ ビィ スィーテッドゥ アットテーボー オア インナ ジャパニーズスタイゥ ルーム

座敷で食事をするのも日本での体験となります。お店に座敷席がある場合は、椅子席か座敷席の希望を聞いてみるのもよいでしょう。ただし、正座や足を伸ばせない状態で長時間直接床に座ることに慣れていない方がほとんどです。それを事前にご承知いただくことや、もし椅子席がないならば、席をお見せして説明しておきましょう。

現在、空きがございます。

There are seats available now.
ゼア アー スィーツ アヴェイラブル ナウ

喫煙席でしたらご案内できます。

We only have smoking table right now.
ウィ オンリー ハヴ スモーキン テーボー ライナウ

椅子席と座敷席の確認。（店内席の写真を見せながら）

Do you prefer this style ? Or this style?
ドゥ ユー プリファー ディススタイゥ オア ディススタイゥ

➔椅子席と座敷席を言葉で説明するより、ツールとして座席の写真を用意しておき、お見せしたほうが理解しやすいでしょう。写真を指さしながら選んでいただきましょう。

テーブルの下に足を伸ばせます。（掘りごたつ式なら）

You can put your feet under the table.
ユーキャン プット ユア フィート アンダーザ テーボー

靴を脱ぐ必要があります。

You need to take your shoes off please.
ユー ニードゥ トゥ テイク ユア シューズオフ プリーズ

靴を履かない日本スタイルの座席です。

You must remove your shoes for the Japanese style room.

ユー マスト リムーブ ユアシューズ フォーズィ ジャパニーズスタイウルーム

➔このように伝えても理解していないご様子でしたら、「Follow me please.（フォロー ミー プリーズ）」（ついて来てください）と伝えて、席を見ていただくのもよいでしょう。

快適に座っていただけないかもしれないですね。

I am not sure if you will be comfortable.

アイム ノット シュア イフ ユー ウィウ ビー コンフォタボー

➔空間が珍しいので気になる方もいるかもしれませんが、それでも迷われていたら、その場合は正直にこう言えるかもしれません。

2時間制になります。

There is two hour time limit for the table.

ゼア イズ トゥアワー タイムリミットゥ フォーズィテーボー

➔席に時間制限があるとしたら、海外にはないルールなので、ご案内時にこのように伝えて事前確認をしましょう。

7時から次の予約がありますので。

We have another reservation at seven o’clock.

ウィ ハブ アナザー リザベーション アットゥ セブンノクロック

➔時間制限に疑問をお持ちの様子なら、こうお伝えしましょう。

すぐに席をご準備します。

Your table will be ready shortly.
ユアテーボー ウィウビー レディ ショートリィ

テーブルをつなげて広くします。

We can put these tables together.
ウィキャンプットゥ ディーズ テーボーズ トゥギャザー

こちらのテーブルとこちらのテーブルに分かれますが、よろしいですか？

Would you mind having separated tables?
ウッジューマインド ハヴィング セパレーテッドゥ テーボーズ

禁煙となっています。

Please don't smoke.
プリーズ ドントゥ スモーク

店内禁煙となっております。

This is nonsmoking restaurant.
ディス イズ ノンスモーキン レストラン

ワンポイント

おしぼり

日本を紹介するガイドブックでは、ほぼ必ず説明されているくらい「おしぼり」は日本特有の文化です。
お客様にお渡しする時には次のように説明しましょう。
「これは手をふく温かいタオルです」
「This is a hot towel to freshen up your hands.」
ディスイザ ホッタオル トゥ フレッシュンアップ ユア ハンズ

入 店

荷物を預かる

荷物はこちらに置いてください。

Please put your luggage here.

プリーズ　プッチュア　ラゲッジ　ヒア

このハンガーを上着かけに使ってください。

Please use this hanger for your jacket.

プリーズ　ユーズ　ディス　ハンガー　フォーユア　ジャケット

会話バリエーション

ここに傘を置いてください。(傘置きがある場合、とっさに言葉を思い出せない場合は、場所を指しながら)

You can leave your umbrella here.
ユーキャン リーブ ユア アンブレラ ヒア

これを使ってください。

You can use this.
ユーキャン ユーズ ディス

この番号札をお持ちください。

Please keep this number with you.
プリーズ キープ ディスナンバー ウィズユー

荷物札はございますか?

May I have the number for your luggage?
メイアイハヴ ズィ ナンバー フォー ユア ラゲッジ

こちらのカゴを荷物入れにお使いください。

Please put your things in here.
プリーズ プットゥ ユア スィングス イン ヒア

ワンポイント

荷物を運ぶ人は?

女性スタッフに重いものを持たせてはいけないという配慮を持つの男性の方もいらっしゃいます。そのような場合は、場所を指し示し、本人に置いていただくのもよいでしょう。

席への誘導

私について来てください。

Follow me,
フォロー　ミー

please.
プリーズ

席の場所を正確に伝えられない時は、間違えて違う席に座るなどのトラブルにならないよう「私について来てください」と伝えて、席までお連れしましょう。

通常は席の案内をしない場合でも、勝手に座っていいのかなどと迷う人もいるので、一声かけたほうがお客様も安心です。

また、座っていただけない席には、あらかじめ「Reserved」（予約済み）の札を置くことで告知できるでしょう。

会話バリエーション

（席までご案内して）おかけください。

Please have a seat.
プリーズ　ハヴァ　スィートゥ

お好きな席にどうぞ。

Please sit wherever you like.
プリーズ　スィットゥ　ホェアエヴァー　ユー　ライク

お席をお取りください。

Please take any seat.
プリーズ　テイク　エニー　スィートゥ

景色がよいのでこちらをおすすめします。

We recommend this table because of the nice view.
ウィ　リコメンドゥ　ディス　テーボー　ビコーズ　オブ　ズィナイスヴュー

（お客様が違うほうへ行かれた場合、方向を指しながら）
こちらにお願いします。

This way, please.
ディス　ウェイ　プリーズ

お足元にお気をつけください。

Watch your step.
ウォッチ　ユア　ステップ

こちらの席でもいいですよ。

You can have a table here too.
ユーキャン　ハヴァ　テーボー　ヒア　トゥ

Part 2 飲食店

席への誘導

この席でもいいですか？（複数の場合）

Can we sit here?
キャン　ウィ　スィットゥ　ヒーア

この席でもいいですか？（1人の場合）

May I sit here?
メイ　アイスィットゥ　ヒーア

申し訳ございません。こちらは予約の席です。

I'm sorry.This is a reserved table.
アイム　ソーリー　ディズ　イズア　リザーヴドゥ　テーボー

お子様用の椅子をお持ちしますか？

Do you need a high chair?
ドゥ　ユー　ニードゥア　ハイチェア

こちらは禁煙席です。

This is a non-smoking area.
ディス　イズア　ノンスモーキン　エーリア

喫煙エリアをご利用ください。

Please use the smoking area.
プリーズ　ユーズ　ズィ　スモーキン　エーリア

2階のお部屋にご案内します。

I'll show you your table on the second floor.
アイゥ　ショウ　ユー　ユア　テーボー　オンズィ　セカンドフロア

飲食店関連

□ 窓側	window seat	ウィンドゥ スィートゥ
□ テラス席	on the terrace	オン ズィ ティラス
□ 個室	private room	プライベート ルーム
□ カウンター席	counter seat	カウンター スィートゥ
□ 禁煙席	non-smoking table	ノンスモーキン テーボー
□ 喫煙席	smoking table	スモーキン テーボー
□ 予約席	reserved seats	リザーヴドゥ スィートゥ
□ レジ	register	レジスター
□ 子ども用椅子	high chair	ハイチェア
□ 厨房	kitchen	キッチン
□ 配膳	serving	サーヴィング
□ フリードリンク	all you can drink	オーゥ ユー キャンドゥリンク
□ 食事	meal	ミーゥ
□ 飲み物	drink	ドゥリンク
□ デザート	dessert	デザート
□ 注文	order	オーダー
□ 取り消し	cancel	キャンソー
□ お水	water	ウォーター
□ お茶	tea	ティ
□ おかわり	seconds	セコンズ
□ コースメニュー	course menu	コース メニュー
□ セットメニュー	set menu	セットメニュー
□ 単品	single meal	スィンゴー ミーゥ
□ ドリンクバー	drink bar	ドゥリンク バー
□ サラダバー	salad bar	サラド バー
□ セルフサービス	self-service	セルフ サービス
□ 前払い	advance payment	アドバンス ペイメント
□ 後払い	postpay	ポストペイ
□ 食券販売機	food ticket vending machine	フードゥ ティケットゥ ベンディング マシーン
□ 温かい食事	hot meal	ホット ミーゥ
□ 冷たい食事	cold meal	コールド ミーゥ
□ 持ち帰り	take out	テイクアウト
□ 待ち合わせ	meeting	ミーティング

飲食店で使う道具

□ メニュー	menu	メニュー
□ 箸	chopsticks	チョップスティック
□ スプーン	spoon	スプーン
□ フォーク	fork	フォーク
□ ナイフ	knife	ナイフ
□ 皿	dish	ディッシュ
□ 取り皿	plate	プレイト
□ コップ	glass	グラス
□ トレイ	tray	トレイ
□ 紙ナプキン	paper napkin	ペーパーナプキン
□ 紙エプロン	paper apron	ペーパーエプロン
□ つまようじ	toothpick	トゥースピック

オーダー

メニュー表を渡す

こちらがメニュー表です。

Here is
ヒア　イズ

the menu.
ズィ　メニュー

日本食がポピュラーになったとはいえ、異国の地のレストランで食事を選ぶことは、通常よりも時間がかかるものです。日本のお客様よりも、少し時間がかかるという認識でお待ちしましょう。

オーダーや質問で、近くにいる店員へすぐに声をかける文化がない国も多いので、お客様の様子を気にかけておくことも必要です。

会話バリエーション

英語のメニューもございます。

We have English menues.
ウィ ハヴ イングリッシュ メニューズ

お客様の言語に合わせて、下記のように言い換えられるでしょう。

中国語のメニュー
Chinese menues
チャイニーズ メニューズ

韓国語のメニュー
Korean menues
コリアン メニューズ

スペイン語のメニュー
Spanish menues
スパニッシュ メニューズ

フランス語のメニュー
French menues
フレンチ メニューズ

タイ語のメニュー
Thai menues
タイ メニューズ

写真つきメニューもございます。

Here's a menu with pictures.
ヒアス ア メニュー ウィズ ピクチャーズ

ご注文がお決まりの頃におうかがいします。

I will be back when you are ready to order.
アイ ウィウ ビーバック ホェン ユーアー レディ トゥオーダー

またすぐにおうかがいします。

I'll be back shortly to take your order.
アイゥビーバック ショートリィ トゥ テイク ユアオーダー

わからないことはお聞きください。

Please don't hesitate to ask me anything.
プリーズ ドントゥ ヘジテイト トゥ アスクミー エニスィング

お気軽にお尋ねください。

Feel free to ask if you have any questions.
フィーゥ フリー トゥ アスク イフ ユーハヴ エニィ クエスチョンズ

ランチセットはこちらです。

Here are the lunch combos.
ヒアアー ズィ ランチ コンボズ

ランチセットはこちらです。

Lunch sets are on this side.
ランチセッツ アー オン ディス サイドゥ

セットのドリンクはこちらからお選びください。

Please choose your included drink from this list.
プリーズ チューズ ユア インクルーデッド ドリンク フロム ディスリスト

アルコールのメニューはこちらです。

Here is the drink menu.
ヒアイズ ズィ ドリンクメニュー

➔「alcohol menu」（アルコールのメニュー）とは表現せずに、「drink menu」と言います。

お子様メニューはこちらにあります。

Here is the kid's menu.
ヒアイズ ズィ キッズメニュー

日替わりメニューは黒板に書いてあります。

The daily special is written on the board.
ズィ デイリースペーシャゥ イズ リトゥン オンズィ ボード

ランチセットだと割引になります。

The lunch set is a better deal.
ズィ ランチセットゥ イズア ベター ディール

ランチセットがお得な価格です。

You can have a lunch combo for a better price.
ユーキャン ハヴ ランチコンボ フォー ア ベタープライス

こちらのセットが人気です。（悩まれている方へ）

This set is popular.
ディス セットゥ イズ ポピュラー

Part 2 飲食店

メニュー表を渡す

単語帳

料理名

□ スープ soup
スープ

□ サラダ salad
サラド

□ メインディッシュ main dish
メーン ディッシュ

□ ハンバーグ hamburger steak
ハンバーガー ステイク

□ シチュー stew
ストュー

□ スパゲッティ spaghetti
スパゲティー

□ ステーキ steak
ステイク

□ ピザ pizza
ピッツァ

□ 寿司 sushi
スシ

□ 刺身 sliced raw fish
スライスドゥ ローフィッシュ

□ 海鮮丼 seafood rice bowl
スィフード ライス ボゥル

□ 鉄火丼 tuna bowl
ツナ ボゥル

□ 茶碗蒸し savory egg custard
セーボリー エッグ カスタード

□ 漬物 Japanese pickles
ジャパニーズ ピクルス

□ 巻き寿司 sushi roll
スーシー ロール

□ 煮物 stew
ストュー

□ 揚げ物 fried food
フライドフード

□ すき焼き sukiyaki
スキヤキ

□ しゃぶしゃぶ shabu-shabu
シャブシャブ

□ 天丼 tempra bowl
テンプラ ボゥル

□ かつ丼
fried pork cutlet rice bowl
フライドポークカットゥレットライスボゥル

□ 牛丼 beef bowl
ビーフボゥル

□ うな重 eel rice box
イーゥライスボックス

□ 焼き鳥
grilled chicken on a stick
グィゥドゥ チキンオンアスティック

□ からあげ karaage
カラアゲ

□ おでん fishcake stew
フィッシュケイク ステュー

□ 焼肉 grilled meat
グリゥドゥミート

□ ラーメン ramen
ラーメン

□ 餃子 gyoza
ギョーザ

□ しゅうまい
steamed meat dumpling
スティームド ミート ダンプリング

□ チャーハン fried Rice
フライドライス

□ 焼きそば fried noodles
フライド ヌードゥズ

□ お好み焼き okonomiyaki
オコノミヤキ

□ たこ焼き octopus dumplings
オクトパス ダンプリング

□ そば buckwheat noodles
バックウィート ヌードゥズ

□ うどん udon
ウドン

□ おにぎり rice ball
ライス ボウル

□ サンドイッチ sandwich
サンウィッチ

□ ベーグル bagel
ベーグル

□ カレーライス curry and rice
カリー アンド ライス

□ ハンバーガー hamburger
ハンバーガー

□ ホットドック hot dog
ホットドッグ

□ フライドポテト french fries
フレンチ フライズ

□ 肉まん meat bun
ミート バン

□ お子様ランチ kids lunch
キッズランチ

肉の種類

□ 牛肉	beef ビーフ	□ ひき肉	ground meat グランドミート
□ 豚肉	pork ポーク	□ ソーセージ	sausage サウセージ
□ 鶏肉	chicken チッキン	□ ハム	ham ハム
□ 鴨肉	duck meat ダックミート	□ 生ハム	raw ham ロウハム
□ ラム肉	lamb meat ラムミート	□ ベーコン	bacon ベイコン

魚の種類

□ マグロ	tuna ツナ	□ フグ	blowfish ブローフィッシュ
□ カツオ	bonito ボォニート	□ タイ	sea bream スィーブリーム
□ サケ	salmon サーモン	□ カレイ	righteye flounder ライトアイ　フラウンダー
□ 赤身魚	red fish レッドフィッシュ	□ タコ	octopus オクトパス
□ 白身魚	white fish ホワイフィッシュ	□ イカ	squid スクィードゥ
□ ブリ	amberjack アンバジャック	□ エビ	shrimp シュリンプ
□ サバ	mackerel メッケローゥ	□ ホタテ	scallop スコロップ
□ アジ	horse mackerel ホースメッケローゥ	□ カキ	oyster オイスター
□ サンマ	saury ソーリー	□ アサリ	clams クラム
□ イワシ	sardine サーディン	□ シジミ	shijimi シジミ

主な食料品

□ 米	rice ライス	□ 塩	salt ソゥト
□ パン	bread ブレッド	□ 砂糖	suger シュガー
□ 麺	noodle ヌードー	□ しょうゆ	soy sauce ソイソース
□ 卵	egg エッグ	□ みそ	miso paste ミソペースト
□ 豆腐	tofu トーフ	□ こしょう	pepper ペパー
□ チーズ	cheese チーズ	□ だし	broth ブロース
□ ヨーグルト	yogurt ヨーグゥト	□ 香辛料	spice スパイス

オーダー

注文を聞く

ご注文をお取りしましょうか？

Ready to order?

レディトゥ　オーダー

前述の通り、日本のようにお客様から「注文いいですか？」と声をかける習慣がない場合が多いので、できるだけこちらからおうかがいすることがポイントです。

もし準備ができていないようだったら、「I will come back.（アイ ウィウ カムバック）」（後ほど戻ります）と伝えて時間を置くか、注文の相談にのって差し上げましょう。

会話バリエーション

最初に飲み物はいかがですか？

Anything to drink first?
エニスィング　トゥ　ドゥリンク　ファースト

（まだメニューを見ていたら）飲み物を持ってすぐ戻ります。

I'll be right back with your drinks.
アイゥ　ビー　ライバック　ウィズ　ユアドゥリンク

ゆっくりお選びください。

You can take your time.
ユー　キャン　テイクユア　タイム

メニューでわからないことはございますか？

Is there any questions about the menu?
イズ　ゼア　エニィクエスチョンズ　アバウトズィ　メニュー

メニューで質問はありますか？

Do you have any question on the menu?
ドゥユーハヴ　エニィクエスチョン　オンズィメニュー

お決まりになったら、こちらのボタンを押してください。

Press this button when you are ready to order.
プレス　ディス　ボタン　ホェン　ユー　アー　レディ　トゥオーダー

Part 2 飲食店
注文を聞く

オーダー

おすすめ料理を伝える

当店のおすすめは天ぷらです。

Tempura is our recommendation.
テンプラ イズ アワ リコメンデーション

何を頼んだらよいかわからない場合に、「What do you recommend?（ホワット ドゥ ユー リコメンドゥ）」（おすすめは何ですか？）と聞かれる場合があります。あらかじめ、おすすめメニューの説明を写真と共に用意しておくとよいでしょう。

また、日本の食材や調理方法には、海外にはない様式や味もあります。こちらも説明できるように、メニューに書いておくか、単語でもいいので説明できると親切ですね。

会話バリエーション

おすすめのメニューはどれですか？

What do you recommend?
ホワット　ドゥ　ユー　リコメンドゥ

おすすめのメニューはどれですか？

What are your recommendation?
ホワット　アーユア　リコメンデーション

今日のおすすめメニューはＡセットです。

Today's special is set A.
トゥデイズ　スペシャル　ィズ　セットゥエイ

これは人気のあるメニューです。

This is a popular choice.
ディス　イザ　ポピュラーチョイス

まつたけは今が旬です。

Matsutake mushroom is in season now.
マツタケマッシュルーム　イズ　イン　スィーズン　ナウ

こちらのセットがお得です。

It's a better deal as a set.
イッツア　ベター　ディール　アズ　ア　セットゥ

200円お得です。

It is less by two hundred yen.
イットゥイズ　レス　バイ　トゥハンドレッドイエン

通常価格より200円お安くなります。

It is two hundred yen less than the regular price.

イットゥイズ　トゥハンドレッドイェン　レス　ザン　ズィレギュラープライス

しょうゆ味（風味）です。

It's soy sauce flavor.

イッツ　ソイソース　フレイバー

しょうゆ味（風味）です。

It's soy sauce base.

イッツ　ソイソース　ベイス

しょうゆ味のソースです。

It's soya base sause.

イッツ　ソヤ　ベースドゥ　ソース

このメニューは生の魚を使っています。

This dish is made with raw fish.

ディスディッシュ　イズ　メイドゥ　ウィズ　ローフィッシュ

このメニューは生の魚を使っています。

This is made with raw fish.

ディス　イズ　メイド　ウィズ　ローフィッシュ

自家製のデザートです。

This is a home-made dessert.

ディスィズ　ア　ホームメイド　ディザート

味・食感

□ すっぱい	sour	サワー
□ 辛い	spicy	スパイシー
□ 苦みがある	bitter	ビター
□ あっさりした	plain	プレィン
□ 濃厚な	rich	リッチ
□ 甘い	sweet	スウィートゥ
□ カリカリした	crunchy	クランチィ
□ 噛み応えのある	chewy	チュウィ
□ 硬い	hard	ハード
□ 柔らかい	tender	テンダー
□ 口溶けのよい	melts in your mouth	メルツインユア マウス
□ 甘じょっぱい	salty and sweet	ソゥティ アン スィートゥ

調理法

□ 煮込み	stewed	ステュードゥ
□ 蒸した	steamed	スティームドゥ
□ 焼いた(パンやお菓子)	baked	ベイクド
□ 炭火焼	charcoal grilled	チャコールグリルドゥ
□ ゆでた	boiled	ボイゥドゥ
□ 揚げた	fried	フライドゥ
□ 揚げた	deep fried	ディープ フライドゥ
□ 炒めた	pan fried	パン フライドゥ
□ 炒めた	stir fried	ステア フライドゥ
□ 燻した	smoked	スモークドゥ
□ 切った	chopped	チョップドゥ
□ ミンチにした	minced	ミンチドゥ
□ 皮をむいた	peeled	ピールドゥ
□ 削った	shaved	シェイヴドゥ
□ 調合した	blended	ブレンデッドゥ
□ 味つけされた	seasoned	シーズンドゥ
□ 焼いた(じっくり火を通す)	roast	ローストゥ
□ 焼いた(鉄板や網で)	grilled	グリゥドゥ

ワンポイント 注文をスムーズに取る工夫

オーダーをスムーズにしたいお店ならば、メニューに番号をつけることもオーダーミスを防ぐひとつの策です。確認の際も、その番号をリピートすればよいだけなので、簡単なコミュニケーションでお互い確認ができます。

オーダー

食材の紹介

料理には地元の新鮮な野菜を使っています。

We use fresh local vegetables.

ウィ　ユーズ　フレッシュ　ローカゥ　ヴェジタボーズ

「〇〇専門店」などとうたっていない場合は、どんな料理を出すお店なのかという特徴を、お客様にわかりやすく表記しておくのもよいでしょう。

日本食に慣れていない外国人にとって、写真や見本を見ても、それが何なのかがわからない場合も多いでしょう。安心してご入店いただくために、料理の特徴や使っている食材をおすすめとして書きましょう。

会話バリエーション

ここは地鶏が特産品です。

Our house specialty is made with locally raised chicken.
アワー ハウス スペシャリティ イズ メィド ウィズ ローカリィ レイズドゥ チキン

この地域で育てられた鶏が有名です。

The local chicken here are well renowned.
ズィローカゥチキン ヒアアー ウェウ リノウンドゥ

今朝、収穫したばかりの野菜です。

These vegetables are fresh picked from this morning.
ディーズ ヴェジタボーズ アー フレッシュ ピックドゥ フロム ディス モーニング

近くの漁港で揚がった魚です。

These fish are from the local port market.
ディーズフィッシュアー フロム ズィローカル ポート マーケットゥ

近くの市場で買えますよ。

You can buy it at the nearby market.
ユー キャン バイイットゥ アット ズィ ニアバイ マーケットゥ

野菜

□	トマト	tomato トメイト
□	なす	eggplant エッグプラントゥ
□	にんじん	carrot キャロットゥ
□	じゃがいも	potato ポテイト
□	ピーマン	green pepper グリーン　ペッパー
□	玉ねぎ	onion オニオン
□	キャベツ	cabbage キャベッジ
□	レタス	lettuce レティス
□	きゅうり	cucumber キューカンバー
□	かぼちゃ	pumpkin パンプキン
□	とうもろこし	corn コーン
□	大根	radish ラディッシュ
□	かぶ	turnip ターニップ
□	れんこん	lotus root ロータス ルートゥ
□	ごぼう	burdock バードック
□	ブロッコリー	broccoli ブロッコリー
□	カリフラワー	cauliflower カリフラワー
□	ほうれん草	spinach スピナッチ
□	チンゲン菜	bok choy ボック　チョイ
□	小松菜	komatsuna コマツナ
□	水菜	mizuna ミズナ
□	アスパラガス	asparagus アスパラガス
□	セロリ	celery セロリー
□	パセリ	parsley パセリー
□	ネギ	green onion グリーン　オニオン
□	にら	leek リーク
□	オクラ	okra オクラ
□	もやし	sprout スプラウト
□	かいわれ大根	radish sprouts ラディッシュスプラウツ
□	白菜	chinese cabbage チャイニーズ　キャベッジ
□	らっきょう	Japanese shallot ジャパニーズ　シャロットゥ
□	さつまいも	sweet potato スウィート　ポテイト
□	さといも	taro ターロ
□	たけのこ	bambooshoot バンブーシュート
□	枝豆	green soybeans グリーン　ソイビーンズ
□	さやいんげん	green bean グリーンビーン
□	そらまめ	broad bean ブロード　ビーン
□	グリーンピース	greenpeace グリーンピース
□	にんにく	garlic ガーリック
□	しょうが	ginger ジンジャー
□	とうがらし	red pepper レッド　ペッパー
□	しそ	Japanese basil ジャパニーズ　バズィル
□	しいたけ	shiitake mushroom シイタケ　マッシュルーム
□	しめじ	shimeji mushroom シメジ　マッシュルーム
□	まいたけ	maitake mushroom マイタケ　マッシュルーム
□	まつたけ	matsutake mushroom マツタケ　マッシュルーム
□	えのき	enoki mushroom エノキ　マッシュルーム
□	エリンギ	king trumpet mushroom キングトゥランペットゥ　マッシュルーム

くだもの

□ りんご	apple アッポー	□ 梅	plum プラム
□ バナナ	banana バナーナ	□ びわ	loquat ロークォット
□ いちご	strawberry ストロベリー	□ あんず	apricot アプリコットゥ
□ 桃	peach ピーチ	□ 柿	persimmon パーシモン
□ みかん	mandarin orange マンダリン オーレンジ	□ 栗	chestnut チェストナットゥ
□ オレンジ	orange オーレンジ	□ ゆず	yuzu ユズ
□ パイナップル	pineapple パイナポー	□ ざくろ	pomegranate ポメグラニット
□ 梨	pear ペア	□ いちじく	fig フィグ
□ ぶどう	grape グレイプ	□ グアバ	guava グアバ
□ マスカット	muscat マスカット	□ パッションフルーツ	passion fruit パッション フルートゥ
□ さくらんぼ	cherry チェリー	□ パパイア	papaya パパイヤ
□ キウイ	kiwi キウィ	□ ブルーベリー	blueberry ブルーベリー
□ メロン	melon メロン	□ ライチ	litchi ライチー
□ すいか	watermelon ウァターメロン	□ レモン	lemon レモン
□ グレープフルーツ	grapefruit グレイプフルーツ	□ アボカド	avocado アボカド
□ マンゴー	mango マンゴ	□ ドライフルーツ	dried fruit ドライドゥ フルートゥ
□ クランベリー	cranbery クランベリー		

表現

□ 新鮮な	fresh フレッシュ	□ 辛い	spicy スパイスィ
□ ジューシーな	juicy ジュシー	□ 熟した	ripe ライプ
□ 甘い	sweet スウィート	□ かりかりの	crunchy クランチー
□ 酸っぱい	sour サワー	□ やわらかい	soft ソフト
□ 苦い	bitter ビター	□ 噛みごたえのある	chewy チュウイー

オーダー

アレルギーの確認

何かアレルギーはありますか？

Any food allergies?

エニー フードゥ アレジーズ

アレルギーや宗教的、思想的背景（ビーガン、ベジタリアン）などで、食へのこだわりが強いことも外国人のお客様の特徴です。ゆえに、お客様から尋ねられることも多いので、メニューで使われている食材について英語で伝えられるようにしておきましょう。

会話バリエーション

何か食事制限がありますか？

Do you have any food restrictions?
ドゥユーハヴ　エニィ　フードゥ　レストリクションズ

ベジタリアンのメニューはありますか？

Do you have a vegetarian menu?
ドゥ　ユー　ハヴァ　ヴェジタリアン　メニュー

ございます。こちらです。

Yes. Here you go.
イエス　ヒアユゴー

はい。こちらがベジタリアンメニューです。

Yes. This is the vegetarian menu.
イエス　ディス　イズ　ズィ　ヴェジタリアン　メニュー

このマークがついているものがベジタリアンメニューです。

This mark means "vegetarian dishes".
ディス　マーク　ミーンズ　ヴェジタリアン　ディッシーズ

ベジタリアンメニューにはこのマークがついています。

Vegetarian dishes have this mark on the menu.
ヴェジタリアン　ディッシーズ　ハヴ　ディスマーク　オンズィ　メニュー

卵を抜いて、これをつくってもらえますか？

Could you make this without egg?
クッジューメイクディス ウィズアウト エッグ

はい。できます。

Yes, we can.
イエス ウィーキャン

もちろんできます。

Sure, we can.
シュア ウィーキャン

単語帳

食品アレルギー特定原材料７品目

□ 卵	egg	エッグ
□ 小麦	wheat	ウィートゥ
□ エビ	shrimp	シュリンプ
□ カニ	crab	クラーブ
□ そば	buckwheat	バックウィートゥ
□ 落花生	peanut	ピーナットゥ
□ 乳	milk	ミゥク

特定原材料に準じるもの20品目

□ アワビ	abalone	アバロニ
□ イカ	squid	スクィドゥ
□ イクラ	salmon roe	サーモンロゥ
□ オレンジ	orange	オーレンジ
□ カシューナッツ	cashew nut	キャシューナットゥ
□ キウイ	kiwi	キウィ
□ 牛肉	beef	ビーフ
□ くるみ	walnut	ウォルナットゥ

□ ごま	sesame セサミ
□ サケ	salmon サーモン
□ サバ	mackerel メッケローウ
□ 大豆	soybean ソイビーン
□ 鶏肉	chicken チッキン
□ バナナ	banana バナーナ
□ 豚肉	pork ポーク
□ まつたけ	matsutake mushroom マツタケ　マッシュルーム
□ 桃	peach ピーチ
□ やまいも	yam ヤム
□ りんご	apple アッポー
□ ゼラチン	gelatin ジェラティン

ワンポイント

宗教と食事制限

嗜好だけでなく、宗教による食事制限が必要な場合も多いのが外国人のお客様（食肉やアルコールがNGなど）。単に目に見える材料がNGなだけでなく、「ブイヨン」「ゼラチン」「肉エキス」など、厳密に拒まれる可能性もあります。

特にオーガニックやベジタリアンを主とする店舗には、そのようなお客様がいらっしゃる可能性が高いので、情報提供の準備をしておくことをおすすめします。

より詳細な情報は、国土交通省発行の「多様な食文化・食習慣を有する外国人客への対応マニュアル」（平成20年2月）に掲載されています。

http://www.mlit.go.jp/common/000059429.pdf

オーダー

料理の量について

ひと皿は２個です。

There are two pieces per plate.

ゼア アー トゥ ピースィーズ パー プレイト

日本の飲食店の料理は、海外で出される一人前の量よりも少ない場合がほとんどです。ですからひと皿にある個数が人数より少なかったり（例えば４人のお客様に、３個しかない場合等）、シェアするような量がない場合は、あらかじめお伝えする配慮が必要です。

2皿オーダーされますか？

Do you want to order two plates?
ドゥ ユー ウォナ オーダー トゥ プレイツ

2人でちょうどいい量です。

This is just the perfect size for two.
ディスイズ ジャスト ズィパーフェクトサイズ フォー トゥ

4人には少ないと思います。

It might be too small for four people.
イットマイトビー トゥ スモール フォー フォーピーポー

4人には少ないと思います。

I think this will not be enough for four people.
アイ スィンク ディス ウィウ ノットゥビー イナフ フォー フォーピーポー

サラダはシェアされますか？

Will this salad be to share?
ウィウ ディス サラドゥ ビー トゥシェア

こちらのメニューはサラダがついてきます。

This dish comes with salad.
ディス ディッシュ カムズ ウィズ サラドゥ

オーダー

飲み物提供の確認

お飲み物は
いつお持ちしますか？

When should I bring your drinks?
ホエン シュドゥ アイ ブリング ユアドゥリンクス

お飲み物はお食事と
一緒にお持ちしますか？

Should I bring your drink with the meal?
シュドゥ アイ ブリング ユア ドゥリンク ウィズ ズィ ミーゥ

会話バリエーション

コーヒーは食後にお出ししますね。

I will bring your coffee after the meal.
アイ ウィウ ブリング ユア コーヒー アフター ズィ ミーゥ

➔ほとんどの国で飲み物は通常、注文後すぐに提供されます。海外では、食後のコーヒーは食事のプレートを下げる際に必要かどうか問われることが多いため、食事と一緒に飲み物の注文をもらった際はお出しするタイミングを確認しましょう。

お食事と一緒がよろしいですか？

Do you want your drinks with your meal?
ドゥ ユー ウォント ユア ドゥリンクス ウィズ ユア ミーゥ

こちらはドリンクがついているセットになります。

This set comes with a drink.
ディス セット カムズ ウィズ ア ドゥリンク

グラスはいくつご用意しますか？

How many glasses do you need?
ハウ メニー グラースィーズ ドゥ ユー ニードゥ

先に飲み物をお持ちしますね。

I will bring your drinks first.
アイ ウィウ ブリング ユア ドゥリンクス ファースト

どのようなタイプのワインがお好きですか？

What type of wine do you prefer?
ホワットタイプ オブ ワイン ドゥーユープリファー

単語帳

飲み物

- □ コーヒー coffee コーフィー
- □ アイスコーヒー iced coffee アイスド コーフィー
- □ カフェオレ cafe au lait キャフェー オーレー
- □ 紅茶 black tea ブラック ティ
- □ アイスティー Ice tea アイス ティ
- □ ミルクティー milk tea ミルク ティ
- □ ハーブティー herbal tea ハーバル ティ
- □ ジュース Juice ジュース
- □ シェイク shake シェイク
- □ コーラ cola コーラー
- □ 炭酸水 sparkling water スパークリング ウォーター
- □ ミネラルウォーター mineral water ミネラル ウォーター
- □ 牛乳 milk ミゥク
- □ 豆乳 soy milk ソイ ミゥク
- □ タピオカミルクティー tapioca milk tea タピオカミルクティ
- □ 緑茶 green Tea グリーンティ
- □ ほうじ茶 roasted green tea ローステット グリーンティ
- □ 麦茶 barley tea バーリーティ
- □ ウーロン茶 oolong Tea ウーロンティ
- □ 抹茶 matcha マッチャ
- □ 生ビール draft beer ドゥラフトゥビアー
- □ 日本酒 sake / Japanese rice wine サケ ジャパニーズ ライスワイン
- □ 焼酎 shochu ショーチュー
- □ 赤ワイン red wine レッド ワイン
- □ 白ワイン white wine ホワイト ワイン
- □ カクテル cocktails カクテールズ
- □ ノンアルコールドリンク non-alcoholic drink ノン アルコール ドゥリンク

デザート

- □ アイスクリーム ice cream アイス クリーム
- □ シャーベット sherbet シャーベット
- □ パフェ parfait パーフェー
- □ ケーキ cake ケイク
- □ レアチーズケーキ rare cheesecake レア チーズケイク
- □ チョコレートケーキ chocolate cake チョコレイト ケイク
- □ フルーツタルト fruit tart フルーツ タート
- □ シュークリーム cream puff クリーム パッフ
- □ エクレア eclair エクレア
- □ モンブラン mont blanc モント ブランク
- □ ティラミス tiramisu ティラミス
- □ プリン pudding プッディング
- □ ブラウニー brownie ブロウニー
- □ かき氷 shaved ice シェイブドゥアイス
- □ ようかん yokan ヨーカン
- □ もなか monaka モナカ
- □ クッキー cookie クッキー

役立ちツール

日本の飲食店では、持ち帰りと店内飲食の場合で消費税が異なります。また、メニューの表示が税抜き価格だけの場合もあり、お客様は支払金額がわからないこともあります。レジまわりのPOPやメニューにわかりやすく記載しておきましょう。

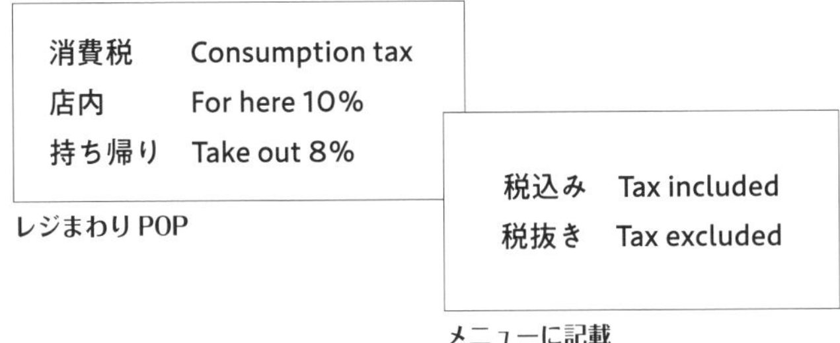

消費税　Consumption tax
店内　For here 10%
持ち帰り　Take out 8%
税込み　Tax included
税抜き　Tax excluded

レジまわりPOP

メニューに記載

ワンポイント 飲食店の和製英語

普段接客に使っている英語が、実は和製英語であったり、別の意味の言葉であったりして、外国人のお客様には伝わらないことがあります。ここで、チェックしてみましょう。

- □ホット →ホットコーヒーならば、**coffee**（コーフィー） / **hot coffee**（ホットコーフィー）
- □アイス →アイスコーヒーならば、**ice coffee**（アイスコーフィー） / **iced coffee**（アイスドコーフィー）
- □ホットケーキ →**pancake**（パンケイク）
- □オムライス →**omulette with rice**（オムレットゥ ウィズ ライス）
- □イートインスペース →**dining area**（ダイニング エリア） / **seating area**（スィティング エリア）
- □バイキング →**buffet**（バフェイ） / **all you can eat**（オーゥ ユーキャンイートゥ）
- □アメリカンドック →**corn dog**（コーンドッグ）
- □パン →**bread**（ブレッド）
- □ココア →**cocoa**（ココ） / **hot chocolate**（ホットゥ チョコレイト）
- □フライドポテト →**french fries**（フレンチフライズ）

オーダー

注文の確認

ご注文はAセットが1つ、Bセットが2つでよろしいでしょうか？

Let me confirm your order. One set A and two set B, right?

レッミー コンファーム ユア オーダー ワンセットゥエイ アン トゥーセットゥビイ ライッ

通常のオーダーでも聞き間違いはあります。お互いの言語が異なれば、間違える可能性はより高くなりますので、繰り返し内容を確認することが必要でしょう。その際、メニュー表があればそれを指さし確認しながら数を確認していくとお客様にも安心感を与え、かつミスを防ぐことができるでしょう。

会話バリエーション

他にご注文はありますか？

Anything else?
エニスィング　エルス

お決まりの際にお呼びください。

Call me when you are ready to order.
コール　ミー　ホェン　ユー　アー　レディ　トゥオーダー

ご提供に少し時間がかかります。お待ちいただけますか？

It will take a while, do you mind waiting?
イット　ウィウ　テイク　ホワイゥ　ドゥ　ユー　マインドゥ　ウェイティンッ

だいたい 20 分くらいかかります。

It will take about twenty minutes.
イットゥ　ウィウ　テイク　アバウト　トゥエンティ　ミニッツ

➔「時間がかかります」と伝えるだけでなく、具体的な数字を伝えると安心していただけます。

それでは注文を変えます。

I changed my mind.
アイ　チェンジドゥ　マイ　マインドゥ

わかりました。A セットを B セットに変更ですね。

OK, your order will be set B instead of set A, right?
オーケイ　ユア　オーダー　ウィウ　ビー　セット　ビイ　インステッド　オブ　セット　エイ　ライッ

Part 2 飲食店

注文の確認

食事中

食事の提供

どうぞ。
（テーブルへ配膳する際）

Here you go.
ヒア　ユー　ゴー

食事をテーブルにお届けする際の一番シンプルな表現です。難しい言葉を添えるよりも、丁寧にお皿を置いて差し上げましょう。

「Here you are.」（ヒア ユアー）と表現する時もあります。同じ意味なので、どちらを使っても構いません。両方とも、何かを手渡す時に相手の気を引くための声かけです。

ニュアンスとしては、「あなたが注文した料理をお持ちしました。どうぞ召し上がれ」という意味が含まれています。

会話バリエーション

お待たせしました。

Thank you for waiting.
センキュー フォー ウェイティング

➔配膳するまでに時間がかかった場合に添える言葉です。

これは神戸牛のステーキセットです。

Here is the Kobe beef steak set.
ヒア イズ ズィ コーベ ビーフ ステーク セットゥ

➔お運びした料理を見ても、どのメニューなのかわからない様子であれば、メニュー名を伝えましょう。

A セットをご注文のお客様は？

This is set A.
ディス イズ セットゥ エイ

➔「A セットです」と伝えるだけで、挙手してくださるパターンが多いので、簡単で便利なフレーズです。

どなたのご注文ですか？

Who ordered this ?
フー オーダードゥ ディス

➔料理を見せながら確認する時に使います。

お皿がとても熱いので、気をつけてください。

This plate is very hot. Please be careful.
ディス プレイト イズ ヴェリィ ホットゥ プリーズ ビーケアホー

以上でお揃いですか？

Will that be all?
ウィウ ザットゥ ビー オーゥ

ご注文されたものは揃いましたか？

Did you get all of your orders yet?
ディッジュー　ゲット　オーゥオブ　ユアオーダーズ　イエットゥ

ご飯はおかわりができます。

You can have a refill on rice.
ユーキャン　ハヴァ　リフィール　オン　ライス

コーヒーのおかわりは無料です。

Free refills on coffee.
フリー　リフィールズ　オン　コーフィ

何かあったら呼んでください。

Let me know if you have any questions.
レッミーノウ　イフ　ユーハヴ　エニィ　クエスチョンズ

何かあったらこのボタンを押してください。

Press this button if you need me.
プレス　ディス　ボタン　イフ　ユー　ニードゥ　ミー

食事をお楽しみください。

Enjoy your meal.
エンジョイ　ユア　ミーゥ

➔「ごゆっくりどうぞ」という意味で使います。ディナーの時は「Enjoy your dinner.（エンジョイ　ユア　ディナー）、ランチの時は「Enjoy your lunch.（エンジョイ　ユア　ランチ）」と言い換えられます。

ワンポイント

お通し

日本の飲食店で、「お通し」にクレームをつける外国人観光客が増えたというニュースが話題となりました。「注文していない食べ物が出てきて、それが勘定に加わっている」というクレームですが、海外には「お通し」という仕組みはありませんから、しかたがないことかもしれません。それならば、こちらからわかりやすくお知らせすることが必要です。例えば、「すべてのお客様にテーブルチャージがかかります」、そして「お通しはテーブルチャージに含まれています」という説明をメニューの料理などに記載することができます。

お知らせ文例：

お客様おひとりにつき300円のテーブルチャージをいただいており、その中には最初のドリンクと一緒に出る小さな前菜の料金が含まれています。

We have a cover charge of three hundred yen per person, which includes a small appetizer served with the first drink order.

私たちは、すべてのお客様から300円ずつテーブルチャージをいただいております。テーブルチャージには、小さな前菜の料金が含まれています。

We have a cover charge of three hundred yen to seat in our restaurant.The cover charge includes a small appetizer.

また、お通しをお出しする際の声かけとして、次のように伝えましょう。

「このお料理はテーブルチャージの一部です」

「This dish is included in the cover charge.」

ディス　ディッシュイズ　インクルーデッドゥ　インズィ　カヴァーチャージ

食事中

食べ方の説明

これが食べ方です。

（説明ツールを見せながら）

Here's how to eat it.

ヒアズ　ハゥトゥ　イートイットゥ

例えば、日本特有の料理であるしゃぶしゃぶ、すきやき、もんじゃ焼きなどで、食べ方の説明が難しい際には、長い説明を口頭で伝えるよりも、やはり写真やイラストつきの食べ方説明ツールを準備するのがよいでしょう。

それでもわからなそうな場合や難しそうな表情をされている時は、言葉を添えて説明できるといいですね。

会話バリエーション

どうやって食べるのですか？

How do I eat this?
ハウドゥーアイ　イートゥ　ディス

お手伝いしましょうか？

Do you want me to help you?
ドゥユーウォンミー　トゥ　ヘルプユー

➔せっかくの旅の経験として、すべてを店側がやるのではなく、この言葉と共に、「試してみたいですか？」という意味の「Do you want to try?（ドゥ ユー ウォナ トゥライ？）」という心遣いもよいサービスではないでしょうか。

これは何ですか？（見たことのない食材などに）

What is it?
ホワット　イズ ディス

これはわさびです。強い辛味があります。

This is wasabi, a Japanese horseradish. It has a strong spicy taste.
ディス　イズ　ワサビ　アジャパニーズ　ホースラディッシュ　イットゥ　ハズア　ストロング　スパイスィ　テイスト

お刺身にしょうゆと一緒にわさびを少しつけて食べます。

We eat sashimi with a little wasabi and we dip it in to soy sauce.
ウィイートサシミ　ウィズ　アリトゥル　ワサビ　アンド　ウィ　ディップ イット　イントゥ　ソイソース

Part 2 飲食店

食べ方の説明

ワンポイント

食べ方の表現フレーズ

少しの工夫でさらにおいしく食べていただけるのであれば、ぜひ伝えていきましょう。言葉で伝えきる自信がない場合は、写真や動画などでフォローするとよいでしょう。

□〇〇を少しつける
Dip it in a little 〇〇 .
ディップ イットゥ インア リトゥル

□そのままで（何もつけずに）食べる
Try it as it is.
トゥライ イットゥ アズ イットゥイズ

□ポン酢につける（ポン酢を見せながら）
Dip in ponzu sauce.
ディップ イン ポンズ ソース

□生卵を溶いて、そこにつける
Beat the row egg then dip into it.
ビートゥ ズィローエッグ ゼン ディップ イントゥイットゥ

□焼き目をつける（ステーキなど）
Brown in tender.
ブラウン インテンダー

役立ちツール

海外では、飲食店でひとつでも何かオーダーをすれば、別の飲食店や自宅から持参したものを持ち込んで店内で飲食することがOKとされている文化もあります。日本ではマナー違反になることを知らない場合もあるので、その場合は次のような一文をPOPで貼っておきましょう。

Food and drink from other places is prohibited.

「持ち込みはご遠慮願います」POP

ワンポイント お客様のジェスチャーサイン

お客様は日本とは違うジェスチャーでサインを送ってこられる場合があります。その一部をお知らせします。
しかし、国によって違うこともあるので、サインがわからない場合は、テーブルに出向いてお客様に直接お尋ねしましょう。

例１：空間で文字を書くようなジェスチャー
　→お会計希望
　（クレジットカードのサインをするイメージ）

例２：グラス（ワイングラス等）に手を乗せる
　→「もう十分です」
　（これ以上注がなくてよいというイメージ）

例３：食事をひと口分残す
　→十分お腹いっぱいになったことを表わす礼儀
　（残さずきれいに食べると、「食べ足りなかった」というメッセージになる）

テーブルマナーを元に、フォークとナイフを揃えてお皿に置いてあれば、終わりの合図として捉えますが、念のため、

「お皿をお下げしてよろしいですか？」

「May I take your plate?」
メイ アイ テイク ユア プレイト

とお声かけするとよいでしょう。

Part 2 飲食店

食べ方の説明

食事中

食べ方の説明（調味料など）

お好みで七味唐辛子をそばにかけてお召し上がりください。

Add some shichimitogarashi on soba before you eat it.

オッドゥ サム シチミトウガラシ オン ソバ ビフォア ユーイートィット

テーブルに置いてある調味料に興味を示される方は多くいるでしょう。それぞれに日本語で「七味」「柚子胡椒」と表記するのと同様、外国人のお客様が多いお店では英語名を併記しましょう。ちなみに、「七味唐辛子」は簡単に「Red pepper（レッドペッパー）」でも通じます。

七味唐辛子は赤唐辛子を含む
7つのスパイスを混ぜたものです。

Shichimitogarashi is a mix of seven spices including red pepper.
シチミトウガラシ イズ ア ミックス オブ セブン スパイスィーズ インクルーディング レッドペッパー

そばに少しかけるとよく合います。

It goes well with soba.
イットゥ ゴーズ ウェウ ウィズ ソバ

とても辛いので気をつけてください。

Be careful, it's very spicy.
ビー ケアフォー イッツ ヴェリィスパイスィ

ゆず味のこしょうです。ゆずは柑橘類です。

It's pepper with yuzu. Yuzu is a citrus fruit.
イッツ ペッパー ウィズ ユズ ユズ イズァ スイトラス フルートゥ

まず、そのままでお召し上がりください。

First, try it without adding any sauce.
ファースト トゥライイット ウィズアウト オッディング エニィ ソース

よく混ぜてお召し上がりください。

Mix them well before eating.
ミックス ゼム ウェウ ビフォア イーティング

食事中

お皿を下げる

こちらのお皿を下げて
よろしいですか？

May I take your
メイアイ　テイク　ユア

plate?
プレイトゥ

食べ終わったお皿を下げる際には、一言声をかけましょう。食事の際に、時間をかけて会話を楽しむ文化をお持ちの方もいらっしゃいます。黙って下げることのないように気をつけましょう。

お済みですか？（お皿を下げたい時）

Are you finished?
アー ユー フィニッシュドゥ

➔「食事は終わりましたか？」の意味ですが、お皿を下げたい意図が伝わります。

まだ食べられていますか？

Still working?
スティゥ ワーキン

まだ食べています。

Yes, we are.
イエス ウィ アー

新しい取り皿をお持ちします。

I will bring new plates for you.
アイ ウィウ ブリング ニュー プレイツ フォーユー

次の飲み物はいかがですか？

Would you like another drink?
ウッジューライク アナザー ドゥリンク

次の飲み物はいかがですか？

Anything to drink?
エニスィング トゥ ドゥリンク

お水はいかがですか？（水のピッチャーを持ちながら）

More water?
モア ウォーター

食事中

デザートの注文

デザートはいかがですか？

Would you like
ウッジューライク
some dessert?
サム　デザートゥ

お食事がお済みの頃、「お食事はお済みですか？」と聞く代わりに、デザートの注文をおうかがいすることでスマートに様子を見ることができます。

前述したように、一人前の量が海外に比べて少ない傾向にあるので、もしまだ足りなさそうなご様子の場合は、追加のご注文を聞くことができます。

また、デザートではなく、食後のコーヒーや紅茶をおすすめすることもできるでしょう。

デザートのメニューをお持ちしますか？

Would you like to see the dessert menu?
ウッジュー ライク トゥスィ ズィ デザートメニュー

追加注文されますか？

Anything you want to order?
エニスィング ユーウォナ オーダー

コーヒーや紅茶はいかがですか？

Would you like some coffee or tea?
ウッジューライク サム コーフィー オア ティ

お子様にはキッズデザートがあります。

There are desserts for kids too.
ゼアアー デザーツ フォー キッズ トゥー

アイスはバニラと抹茶があります。

We have vanilla and green tea ice cream.
ウィハヴ ヴァニラ アン グリーンティ アイスクリーム

人数分お持ちしますか？

Would you like me to bring for everyone?
ウッジューライクミー トゥ ブリング フォーエヴリワン

食事が終わる頃に

ご満足いただけていますか？

Is everything OK?

イズ　エヴリスィング　オーケイ

海外のレストランでは、配膳されて食事が進んだ頃に、必ずこのような声かけがあります。食事にご満足いただけているか、お困り事はないかという確認です。

カジュアルなお店であれば、必ずする必要はありませんが、慣れない食事だった場合や先に質問をいただいていた場合などは、配慮として声かけをしてみましょう。お客様から「Perfect.（パーフェクト）」（大満足です）、「Good.（グーッド）」（大丈夫です）と言われたら万事 OK です。

ご満足いただけていますか？

Is everything all right?
イズ エヴリスィング オーライッ

ご満足いただけていますか？

How is everything?
ハウ イズ エヴリスィング

少し寒いのですが。

It's a little cold in here.
イッツァ リル コールドゥ イン ヒーア

ブランケットをお持ちします。

I will bring a blanket for you.
アイ ウィウ ブリングア ブランケット フォーユー

パンをもう少しください。

Can I have more bread?
キャナイ ハヴ モア ブレッド

はい。お持ちします。

Yes, you can. / Sure, you can.
イエス ユー キャン シュア ユー キャン

あと30分でラストオーダーです。

The kitchen is closing in thirty minutes.
ズィ キッチンイズ クローズィング インサーティ ミニッツ

ラストオーダーの時間になりました。

Any last orders?
エニィ　ラスト　オーダーズ

メニューをお持ちしますか？

Would you like to see the menu?
ウッジューライク　トゥ　スィー　ズィメニュー

閉店時間は 10 時となります。

The restaurant closes at 10:00 pm.
ズィ　レストラン　クローズィズ　アット　テンピーエム

10 時に閉店となります。

We will close at 10:00 pm.
ウィ　ウィウ　クローズ　アット　テンピーエム

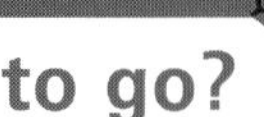

残った分を持ち帰れますか？

Can I take the rest to go?
キャナイ　テイク　ズィ　レスト　トゥ　ゴー

はい。お持ち帰り容器にお入れします。

OK, we will put this in a
オーケイ　ウィ　ウィウ　プットゥ　ディス　インナ

take-way-box.
テーカウェイボックス

こちらはできますが、生ものはできません。

You can take this away with you,
ユーキャンテイク　ディス　アウェイ　ウィズユー

but not the raw food.
バッ　ノット　ズィロゥ　フードゥ

今日中にお召し上がりください。

Please eat this by the end of today.
プリーズ イート ディス バイズィ エンドゥ オブ トゥデイ

いいえ。申し訳ございませんが、
お持ち帰りはお断りしております。

No, I'm afraid we don't allow to take out.
ノー アイム アフレイドゥ ウィドントゥ アロー トゥ テイクアウト

ワンポイント

持ち帰り文化

食べ残した物は持ち帰るのが当たり前の文化を持つ外国人からすると、持ち帰ることがNGな日本では「料理の代金を払って注文した人が持ち帰ることができないってどういうこと？」という反応を示す方もいます。
お店としての方針を決めて、衛生上の理由などを含め、英語メニューなどに記載しておくのもよいかもしれません。

例文：

「申し訳ありませんが、食べ残しのお料理が食中毒を起こした際に、責任を負いかねます。お持ち帰りはお断りしております。ご理解に感謝いたします」

「We are sorry that we can't be responsible for food-poisoning from leftovers. Leftovers cannot be packed to carry out. Thank you for your understanding.」

案　内

トイレへのご案内

トイレはあちらです。

Restrooms are over there.

レストルームス　アー　オーヴァーゼーア

トイレは「Restroom」という単語を使いましょう。なぜなら、「Toilet（トイレ）」と言うと「便座」というニュアンスに捉える方も多いからです。

ほかにも、国によっては、「Bathroom（バスルーム）」「Washroom（ウォッシュルーム）」「Lavatory（ラヴァトリー）」「Men's room（メンズルーム）」（男性用）「Ladies' room（レィディースルーム）」（女性用）などという表現もあるので知っておくと便利でしょう。

トイレはどこですか？

Where are the restrooms?
ホェア　アー　ズィ　レストルームス

トイレはあちらです。（場所を指して）

The restrooms are over there.
ズィ　レストルームス　アー　オーヴァーゼーア

真っすぐ行けば、右手にトイレがあります。

Go straight and you will see the restrooms on your right.
ゴーストゥレイトゥ　アンド　ユーウィウスィ　ズィ　レストゥルームス　オンユア　ライッ

男女兼用です。

We have a unisex restroom.
ウィハヴァ　ユニセックス　レストルーム

➔2つ以上ある場合は、「rooms」と複数形にしましょう。

ワンポイント

トイレの使用方法

日本のトイレのドアで見かけるマークは、男性が黒や青、女性は赤というのが一般的ですが、海外では色で分ける表示はあまりありません（同色で形で見分ける人型のマークが多い）。そして、和式の場合は利用されたことがない方が多いので、使い方をイラスト等で貼っておくことをおすすめします。下記のサイトにトイレの使用方法についての解説があるので、参考にしてください。
京都市情報館「外国人観光客向けトイレの使い方啓発ステッカー」https://www.city.kyoto.lg.jp/kankyo/page/0000193917.html

案 内

景観の説明

西側に東京タワーが
見えますよ。

You can see Tokyo Tower in the west.

ユーキャンスィ トーキョータワー インズィ ウェストゥ

席からの眺めがいいお店は、ここだけで味わえる景色を説明しましょう。そうすれば、席の特別感がさらに増すことでしょう。

東側なら「In the east（インズィ イースト）」、西側なら「west（ウェスト）」、北側なら「north（ノース）」、南側なら「south（サウス）」と方向を指し示しながらお知らせしましょう。

会話バリエーション

ここから海が見えます。

You can see the ocean from here.
ユーキャン　スィー　ズィオーシャン　フロムヒーア

東京スカイツリーはこちらの方向にあります。

Tokyo Skytree is on this way.
トーキョー　スカイトゥリー　イズ　オンディスウェイ

東京スカイツリーとは何ですか？

What is Tokyo Skytree?
ホワット　イズ　トーキョー　スカイトゥリー

東京の名所です。

A landmark of Tokyo.
ア　ランドマーク　オブ　トーキョー

東京の有名な名所のひとつです。

One of the famous landmarks of Tokyo.
ワンオブズィ　フェイマス　ランドマークス　オブ　トーキョー

写真を撮りましょうか？

Shall I take a photo for you?
シャルアイ　テイカ　フォト　フォーユー

どのように使うか教えてください。
（カメラやスマホの操作がわからない場合）

Could you show me how?
クッジュー　ショウ　ミー　ハウ

会計

レジへのご案内

お会計はレジでお願いします。

Please pay at the register.

プリーズ　ペイ　アット　ズィ　レジスター

テーブルチェックが当たり前の文化の国もありますので、レジで会計をすることの説明が必要な場合があります。会計のシステムを丁寧にご案内しましょう。

レジは、「register」のほかに「cashier（キャッシャー）」や「counter（カウンター）」とも言います。

会話バリエーション

お会計をお願いします。

Can I have the check please?
キャナイ ハヴ ズィチェック プリーズ

精算をお願いします。

May I have the bill please?
メイアイ ハヴ ズィ ビゥ プリーズ

レジはあちらです。

The cashier is over there.
ズィ キャッシャー イズ オーヴァーゼーア

こちらの伝票を持ってレジにてお支払いください。

Please take your bill to the cashier and pay.
プリーズ テイクユアビゥ トゥ ズィ キャッシャー アンドゥ ペイ

テーブルでお会計をお願いします。

Please pay at the table.
プリーズ ペイ アット ズィテーボー

会計カウンターは入口ドアの隣りです。

The counter is next to the front door.
ズィカウンター イズ ネクスト トゥズィ フロント ドア

順番に会計しますので、少しお待ちください。

Please wait for your turn to pay.
プリーズ ウェイト フォーユアターン トゥ ペイ

会　計

お支払い

こちらがお会計伝票です。

Here is your bill.
ヒア　イズ　ユア　ビゥ

税込み 5,000 円になります。

Five thousand yen including tax.
ファイヴ サウザンド　イェン　インクルーディング　タックス

会話バリエーション

10%の税金がかかります。

10% tax will be added to this price.
テンパーセント タックス ウィウ ビー オデッド トゥ ディス プライス

現金ですか？　クレジットカードですか？

Cash or credit card?
キャッシュ オア クレディットゥ カードゥ

お支払いは現金のみです。

We only accept cash.
ウィ オンリー アクセプト キャッシュ

このクーポンを使えますか？

Can I use this coupon?
キャナイ ユーズ ディス クーポン

この割引チケットを使えますか？

May I use this discount ticket?
メイアイ ユーズ ディス ディスカウント ティケット

はい。使えます。

Yes, you can.
イエス ユーキャン

画面を見せてください。（スマホクーポンの場合）

May I see the screen?
メイアイ スィー ズィ スクリーン

画面を確認させていただけますか？（スマホクーポンの場合）

Can I look close at the screen for confirmation?
キャナイ　ルック　クロース　アットズィスクリーン　フォーコンファメーション

このクーポンは使えません。

I'm afraid you can't use this coupon.
アイムアフレイド　ユー　キャント　ユーズ　ディス　クーポン

そのクーポンは、合計金額 8,000 円以上で使えます。

The total has to be over eight thousand yen to be able to use the coupon.
ズィトータゥ　ハストゥビー　オーヴァー　エイト　サウザンド　イェン　トゥビー　エーブゥ　トゥユーズ　ズィ　クーポン

5,100 円しかありません。（お支払いの現金が足りない場合）

Now the amount is only five thousand one hundred yen.
ナウ　ズィアマウント　イズ　オンリー　ファイブ　サウザンド　ワンハンドレッドゥイェン

あと 400 円お願いします。

Four hundred yen you must purchase something worth additional.
フォー　ハンドレッド　イェン　ユーマスト　パーチェス　サムシングワース　オッディッショナゥ

おつりです。

Here is your change.
ヒアイズ　ユアチェンジ

おつりです。

This is your change.
ディスイズ　ユアチェンジ

チップは必要ありません。

Tipping is unnecessary.
ティッピング　イズ　アンネッササリー

日本ではチップはいりません。

We don't tip in Japan.
ウィ　ドントゥ　ティップ　インジャパン

（カードの）暗唱番号をお願いします。

Please input your PIN code.
プリーズ　インプットゥ　ユア　ピンコード

サインをください。

Sign here please.
サイン　ヒーア　プリーズ

ワンポイント

金額を伝える

「どの硬貨が何円か」ということを理解されていないようなら、手元にあるコインを指しながら説明しましょう。例えばあと20円足りない場合はこう言います。

（10円玉を指しながら）「これをあと2枚です」

「Two more of this.」
トゥ　モア　オブ　ディス

お見送り

またお越しください！

Please come again.

プリーズ カム アゲイン

このように、単純に「また来てください」という意味でお伝えするのもよいですが、「またお会いできるのを楽しみにしています」という意味の「We hope to see you again.（ウィーホープ トゥ スィーユー アゲイン)」というフレーズを使うことで、より親しみを込めることができます。

会話バリエーション

明日も営業しています。

We are open tomorrow too.
ウィ アー オープン トゥモロー トゥ

日本を楽しんでください！

Enjoy your stay in Japan.
エンジョイ ユアステイ イン ジャパン

日本での旅行を楽しんでください！

Have fun traveling in Japan!
ハヴファン トラヴェリング インジャパン

この場所を楽しんでいただけたらうれしいです。

I hope you enjoyed your stay here.
アイ ホープ ユー エンジョイドゥ ユアステイ ヒーア

次回来日時もぜひお立ち寄りください。

Please visit us when you come back to Japan.
プリーズ ヴィズィットアス ホエン ユー カムバック トゥジャパン

よい旅を！

Have a nice trip!
ハヴァ ナイス トゥリップ

電話応対

電話で予約を承る

はい。神保町レストランです。
ご用件を承ります。

Thank you for calling.
センキュー　フォーコーリング
This is Jinbocho
ディスイズ　ジンボチョウ
restaurant, how may
レストラン　ハウ　メイ
I help you?
アイ　ヘルプユー

ここでは、電話での予約受付の英会話の流れを説明します。

まず第一声はハキハキと。お客様に英語での会話が大丈夫だと安心していただくようにしましょう。しかし、ミス防止のためにも、聞き取れなかったところはきちんと確認して進めましょう。

会話バリエーション

予約をしたいのですが。

I would like to make a reservation.

アイゥドライク トゥ メイカ リザベーション

ありがとうございます。お日にちのご希望はいつですか？

Thank you. When would you like to reserve?

センキュー ホェン ウッジューライク トゥ リザーヴ

明日の午後７時に４名です。

Tomorrow, 7:00 pm for four people.

トゥモロー セブンピーエム フォー フォーピーポー

ありがとうございます。お席を確認いたします。

Thank you. Let me check availability.

サンキュー レッミーチェック アヴェイラビリティ

お席がございました。テーブル席で予約いたします。

There are tables available. I will reserve one for you.

ゼア アー テーボーズ アヴェイラボー アイ ウィウ リザーヴ ワン フォーユー

個室はありますか？

Do you have a private room?
ドゥユーハヴァ　プライベートルーム

申し訳ございません。個室はございません。

We are sorry, we don't have private rooms.
ウィーアーソーリー　ウィ　ドントゥ　ハヴ　プライヴェートルームス

わかりました。大丈夫です。

OK, don't worry.
オーケー　ドンウォーリー

それでは、お名前を教えてください。

May I ask your name please?
メイアイアスク　ユアネーム　プリーズ

ジョン・スミスです。

I am John Smith.
アイ　アム　ジョーン　スミス

ジョン・スミス様ですね。お電話番号も教えてください。

OK, Mr. John Smith. May I ask your phone number?
オーケイ　ミスター　ジョーンスミス　メイアイ　アスク　ユア　フォンナンバー

123-456-789 です。

123-456-789.
ワントゥスリー フォーファイブシックス セブンエイトゥナイン

123-456-789 ですね。

OK、 123-456-789.
オーケイ ワントゥスリー フォーファイブシックス セブンエイトゥナイン

明日の7時に4名様でご予約を承りました。ご来店お待ちしております。お電話ありがとうございました。

We made a reservation for four people at 7:00 pm. We are looking forward to seeing you. Thank you for calling.
ウィメイドゥア リザベーション フォー フォー ピーポー アットゥ セブンピーエム ウィーアールッキング フォワードゥ トゥ スィーング ユー センキュー フォー コーリン

申し訳ございません。
明日は予約で満席となっております。

I'm afraid there is no table for tomorrow.
アイム アフレイドゥ ゼアイズ ノー テーボー フォー トゥモーロゥ

夜8時はいかがでしょうか？

How about 8:00 pm instead?
ハウアバウトゥ エイトピーエム インステッド

申し訳ございません。ご予約は承っておりません。
直接のご来店をお願いいたします。

I'm sorry, but we don't accept reservations. Please just show up.

アイムソーリー　バッ　ウィ　ドントゥ　アクセプトゥ　リザベーションズ　プリーズ　ジャスト　ショーアップ

Aコースで４名様ですね。

A course for four people, right?

エー　コース　フォー　フォーピーポー　ライッ

お店に着いてからのご注文ですね。

Do you want to order when you arrive?

ドゥ　ユー　ウォナ　オーダー　ホェン　ユー　アライヴ

いつも夜７時くらいが一番混んでいます。

Usually, it gets crowded around 7:00 pm.

ユージュアリィ　イットゥゲッツ　クラウデッド　アラウンド　セブンピーエム

申し訳ございません。
明日は定休日となっております。

We are sorry but we will be closed tomorrow.

ウィーアーソーリー　バットゥ　ウィー　ウィウビー　クローズドゥ　トゥモーローゥ

ワンポイント 電話対応で気をつけたいこと

電話でのやり取りは、相手の表情も見えず、声も対面時より聞こえにくいことから不安に思う方も多いでしょう。「ここを気をつければなんとかなる!」という点を以下にまとめます。

① 焦った時ほど、

「少々お待ちください」

「Just a moment please.」
ジャストア　モーメント　プリーズ

を使いましょう。確認が必要であったり、一息ついて一度メモを取ったり、立て直したい場合に使いましょう（そして深呼吸です）。

② 聞こえにくい場合には、

「もう一度言ってくださいますか？」

「Could you say that again?」
クッジューセイ　ザット　アゲイン

と言いましょう。そしてここでのポイントは、「こちらもあえてゆっくり話すこと」です。そうすると、相手の心理として「自分もゆっくり話して返そう」と思うものです。

③ それでも、内容の理解が難しい場合や要望が多い場合は、

「ご要望を電子メールでいただけますか？」

「Could you send your requests by e-mail?」
クッジュー　センドユア　リクエスツ　バイイーメイゥ

という対応も、正確にお客様の要望を確認するためにできることです。

専門店別フレーズ

寿司店

お好みの魚でにぎりますよ。

We can make your original sushi with any fish.

ウィキャンメイク ユア オリジナルスシ ウィズエニィ フィッシュ

わさびを入れてもいいですか？
（見せながら）

Is it OK to add wasabi?

イズ イットゥ オーケイ トゥ オッドゥ ワサビ

会話バリエーション

どのネタにしますか？

Which toppings would you like?
フィッチ トッピング ウッジュー ライク

どの魚でも注文できますよ。（冷蔵ケースを見せながら）

You can order any kind of fish.
ユー キャン オーダー エニィ カインドオブ フィッシュ

今日は鯛がおすすめです。

Today's special is sea bream.
トゥデイズ スペシャル イズ スィ ブリーム

朝、市場で仕入れきたネタばかりです。

The seafood was purchased this morning at the market.
ズィ スィーフードゥ ワズ パーチェスドゥ ディス モーニング アット ズィマーケット

にぎりのセットもあります。（写真を見せながら）

We have sushi combo.
ウィ ハヴ スシ コンボ

にぎりのセットは全部で 10 巻です。

The set contains ten pieces of sushi.
ズィ セット コンテインズ テン ピースィーズ オブ スシ

火を通したネタの寿司もあります。

We also have cooked seafood sushi.
ウィ オルソー ハヴ クックドゥ スィフードゥ スシ

わさびを抜くこともできます。

We can make sushi without wasabi.
ウィキャンメイク スシ ウィズアウト ワサビ

海苔で巻いた海苔巻きもあります。

We also have norimaki which is rice rolled in seaweed.
ウィオルソーハヴ ノリマキ フィッチ イズ ライス ロールドゥ イン スィーウィード

こちらの寿司はしょうゆをつけて食べてください。

You should try this sushi with soy sauce.
ユー シュドゥ トゥライ ディススシ ウィズ ソイ ソース

手で取って食べていいですよ。

You can eat with your hands.
ユーキャン イートゥ ウィズ ユア ヒャンズ

これはしょうがの酢漬けです。

This is pickled ginger.
ディスィズ ピッコゥドゥ ジンジャー

寿司店関連

- □ マグロ　tuna（ツナ）
- □ 大トロ　fatty tuna（ファッティーツナ）
- □ タイ　sea bream（スィ ブリーム）
- □ ハマチ　young yellowtail（ヤング イェローテール）
- □ アジ　horse mackerel（ホースメッケローゥ）
- □ アナゴ　sea eel（スィ イーゥ）
- □ イクラ　salmon roe（サーモンロゥ）
- □ イワシ　sardine（サーディン）
- □ カンパチ　greater amberjack（グレイター アンバジャック）
- □ カツオ　bonito（ブォニート）
- □ サケ　salmon（サーモン）
- □ サンマ　saury（ソーリー）
- □ ヒラメ　flatfis（フラトフィッシュ）
- □ ブリ　amberjack（アンバジャック）
- □ サバ　mackerel（メッケローゥ）
- □ シメサバ　vinegared mackerel（ヴィネガードゥ メッケローゥ）
- □ コハダ　dotted gizzard shad（ドティド ギザード シャッド）
- □ ヅケマグロ　pickled tuna（ピクルドゥ ツナ）
- □ エビ　shrimp（シュリンプ）
- □ ウニ　sea urchin（スィ アーチン）
- □ カニ　crab（クラブ）
- □ タコ　octopus（オクトパス）
- □ イカ　squid（スクィードゥ）
- □ ホタテガイ　scallop（スコロップ）
- □ 海苔巻き　sushi roll（スシ ロール）
- □ ネギトロ巻き　minced tuna and scallions roll（ミンスト ツナ アンド スキャリャンズ ロール）
- □ カッパ巻き　cucumber roll（キューカンバー ロール）
- □ 鉄火巻　tuna roll（ツナ ロール）
- □ 軍艦巻き　ship roll（シップロール）
- □ 海鮮丼　seafood rice bowl（スィフード ライス ボゥル）
- □ 押し寿司　pressed sushi（プレスドゥ スシ）
- □ いなり寿司　sushi wrapped in seasoned fried tofu（スシ ラップドゥイン スィーズンドゥフライドトーフ）
- □ チラシ寿司　scattered sushi（スキャッタードゥ スシ）
- □ タマゴヤキ　Japanese style omelette（ジャパニーズ スタイル オムレットゥ）
- □ 茶碗蒸し　savory egg custard（セーボリー エッグ カスタード）
- □ しょうゆ　soy sauce（ソイソース）
- □ ガリ(しょうが)　sweet pickled ginger（スウィート ピクルドゥ ジンジャー）
- □ わさび　wasabi / Japanese horseradish（ワサビ ジャパニーズ ホースラディッシュ）
- □ 酢飯　vinegared rice（ヴィネガードゥ ライス）
- □ 海苔　nori / dried seaweed（ノリ ドライド シーウィード）
- □ 緑茶　green tea（グリーン ティ）
- □ 天然魚　natural fish（ナチュラルフィッシュ）
- □ 養殖魚　farmed fish（ファームドフィッシュ）
- □ 江戸前寿司　tokyo-style sushi（トーキョースタイル スシ）
- □ 回転寿司　sushi-go-round / sushi train（スシ ゴーラウンド スシ トレイン）
- □ 寿司ネタ　sushi topping（スシ トッピング）

専門店別フレーズ

和食店・天ぷら店

天ぷらはこちらのつゆにつけて
お召し上がりください。

Please use this sauce with the tempura.

プリーズ ユーズ ディス ソース ウィズ ズィテンプラ

お鍋の具が煮えたら、
お召し上がりください。

Please start eating when it's fully cooked.

プリーズ スタート イーティン ホエン イッツ フーリィ クックドゥ

会話バリエーション

天ぷらは野菜や魚介類などに衣をつけて揚げたものです。

Tempura is vegetable or seafood deep fried in batter.
テンプラ イズ ヴェジタボー オア スィーフード ディープ フライドゥ インバター

衣には小麦粉と卵を使っています。

The tempura batter is made with flour and eggs.
ズィ テンプラ バター イズ メイド ウィズ フラワー アンド エッグス

塩をつけるだけでもおいしいです。

Eating it with salt is delicious.
イーティングイットゥ ウィズ ソゥトゥ イズ デリシャス

鍋は沸騰したら弱火にしてください。

When boiling turn the heat to low.
ホェン ボイリング ターン ズィ ヒートゥ トゥ ロゥ

みそ汁はスプーンを使わずに飲みます。

We eat miso soup without using a spoon.
ウィイート ミソスープ ウィザァウトゥ ユーズィング ア スプーン

➔みそ汁やスープを日本語では「飲む」と言いますが、英語では「Drink」(飲む)は使いません。

和食の調理法

- □ 煮物 stew ストュー
- □ 鍋物 hot pot ホットポット
- □ 揚げ物 fried food フライドフード
- □ 和え物 dressing ドレッシング
- □ 酢の物 vinegar ビネガー
- □ 蒸し物 steamed food スティームド　フード
- □ 焼き物 grilled dish グリゥド ディッシュ
- □ 漬物 pickles ピッコーズ
- □ 先付け prefix プリーフィクス
- □ 焼き魚 grilled fish グリゥド フィッシュ
- □ 照り焼き teriyaki テリヤーキー
- □ 炊き込みご飯 cooked rice クックドゥ　ライス
- □ 釜めし kettle rice ケタル　ライス

和食の種類

- □ すき焼き sukiyaki スキヤキ
- □ しゃぶしゃぶ shabu-shabu シャブシャブ
- □ 寄せ鍋 chowder チャウダー
- □ 湯豆腐 simmered tofu スィマード　トーフ
- □ 水炊き cooked in water クックドイン　ウォーター
- □ もつ鍋 hot pot with beef tripe ホットポットウィズビーフトゥライプ
- □ 天丼 tempra bowl テンプラ　ボゥル
- □ かつ丼 fried pork cutlet rice bowl フライドポークカットゥレットライスボゥル
- □ 牛丼 beef bowl ビーフボゥル
- □ 親子丼 chicken and egg rice bowl チキン　アン　エッグ　ライスボゥル
- □ うな丼 grilled eel rice bowl グィゥドゥイーゥ ライスボゥル
- □ 焼き鳥 grilled chicken on a stick グィゥドゥ　チキンオンアスティック
- □ うな重 eel rice box イーゥライスボックス
- □ おでん fishcake stew フィッシュケイク ステュー
- □ 焼肉 grilled meat グリゥドゥミート
- □ 串カツ skewers スキュアズ
- □ 緑茶 green Tea グリーンティ
- □ ほうじ茶 roasted green tea ローステット　グリーンティ
- □ 麦茶 barley tea バーリーティ
- □ ウーロン茶 oolong Tea ウーロンティ
- □ 抹茶 matcha マッチャ

調味料

- □ ポン酢 ponzu ポンズ
- □ ごまだれ sesame sauce セサミソース
- □ 七味唐辛子 seven spice blend セブンスパイス　ブレンド
- □ ごま sesame セサミ
- □ 大根おろし grated radish グレーティドラディッシュ
- □ ごま油 sesami oil セサミ　オイゥ

和食の食材

- □ ネギ green onions グリーンオニオンズ
- □ ニラ leek リーク
- □ 春菊 spring chrysanthemum スプリング クリサンセマム
- □ まつたけ matsutake mushroom マツタケ マッシュルーム
- □ しいたけ shiitake mushroom シイタケ マッシュルーム
- □ えのき enoki mushroom エノキ マッシュルーム
- □ まいたけ maitake mushroom マイタケ マッシュルーム
- □ ししとう green pepper グリーン ペッパー
- □ オクラ okra オクラ
- □ れんこん lotus root ロータスルート
- □ さつまいも sweet potato スウィートポテト
- □ さといも taro ターロ
- □ 長いも yam ヤム
- □ 大葉 perilla / Japanese basil ペリラ ジャパニーズ バジル
- □ 山菜 macrophyll マクロフィル
- □ たけのこ bambooshoot バンブーシュート
- □ ぎんなん ginkgo ギンクゴー
- □ 三つ葉 trefoil トレフォイル
- □ 豆腐 tofu トーフ
- □ もち rice cake ライスケイク
- □ こんにゃく konjac コンジャク
- □ はんぺん fish cake フィッシュ ケイク
- □ かまぼこ boiled fish-paste ボイゥドゥ フィッシュペィストゥ
- □ しらたき noodles made from konjac ヌードゥズ メィドフロム コンジャク
- □ つくね meat ball ミートボーゥ
- □ さつま揚げ deep-fried minced fish and vegetables ディープフライドゥ ミンスドゥフィッシュ アン ヴェジタボゥズ
- □ 春雨 vermicelli バーミセリー
- □ かつおぶし bonito ブォニート
- □ 昆布 kelp ケルプ
- □ わかめ seaweed スィウィード
- □ 梅干し salted plum ソールティドプラム
- □ 納豆 fermented soybeans フェルメンテッド ソイビーンズ
- □ 昆布だし kelp stock ケルプ ストック
- □ かつおだし bonito stock ブォニート ストック

味の表現

- □ 酸味のある sour サワー
- □ あまじょっぱい salty and sweet ソゥティ アン スィートゥ
- □ ピリ辛 spicy スパイシー
- □ 薄味 light taste ライト テイスト
- □ 塩味 salty ソルティ
- □ あっさりした plain プレイン
- □ 濃厚な rich リッチ
- □ 甘い sweet スウィートゥ

専門店別フレーズ

ラーメン店

当店は豚骨スープがメインです。

Pork-bone soup is our signature ramen.

ポークボーン スープ イズ アワ スィグネチャー ラーメン

スープの種類を選べます。

You can choose the soup you like.

ユー キャン チューズズィ スープ ユー ライク

会話バリエーション

麺のかたさを選べます。

You can choose how you want your noodles cooked.
ユー キャン チューズ ハウユーウォント ユアヌードゥズ クックドゥ

豚骨スープはこってりしたクリーミーなスープです。

Pork-bone soup is thick and creamy.
ポークボーン スープ イズ スィック アン クリーミー

あちらの券売機でチケットを買ってください。

Please buy meal tickets from the machine over there.
プリーズ バイ ミーゥチケッツ フロム ズィ マスィーン オーヴァーゼーア

単語帳

ラーメン店関連

- □ しょうゆ味 soy sauce flavor ソイ ソース フレイバー
- □ みそ味 miso flavor ミソ フレイバー
- □ 塩味 salt flavor ソゥト フレイバー
- □ 豚骨スープ pork-bone soup ポーク ボーン スープ
- □ 鶏ガラスープ chicken stock soup チキン ストック スープ
- □ 魚介スープ seafood soup スィーフード スープ
- □ つけ麺 dipping noodles ディッピング ヌードゥズ
- □ 煮卵 boiled egg ボイゥド エッグ
- □ ネギ green onions グリーン オニオンズ
- □ 海苔 seaweed スィーウィード
- □ もやし sprout スプラウト
- □ チャーシュー roasted pork fillet ローステッド ポークフィレット
- □ メンマ seasoned bamboo shoots スィーズンドゥ バンブー シューツ
- □ おろしにんにく grated garlic グレーティド ガーリック

専門店別フレーズ

お好み焼き店

お好み焼きは肉や野菜の入った
パンケーキのようなものです。

Okonomiyaki is like a pancake with meat or vegetable on the top.

オコノミヤキ イズ ライカ パンケイク ウィズ ミートゥ オア ヴェジタボー オン ズィ トップ

鉄板が熱いので
気をつけてください。

It's hot, be careful.

イッツ ホットゥ ビー ケアフォー

会話バリエーション

お好みの具を追加できます。

You can add the toppings on okonomiyaki.
ユー キャン オッドゥ ズィ トッピングス オン オコノミヤキ

具が焼けたら食べられます。

Start eating when it's fully cooked.
スタート イーティング ホェン イッツ フーリィクックドゥ

私が調理いたしましょうか？

Would you like us to cook it for you?
ウッジュー ライク アストゥ クックイット フォー ユー

単語帳

お好み焼き店関連

- □ 豚バラ肉 pork belly ポーク ベリー
- □ キャベツ cabbage キャベッジ
- □ 牛肉 beef ビーフ
- □ ニラ leek リーク
- □ エビ shrimp シュリンプ
- □ イカ squid スクィッド
- □ ネギ green onions グリーン オニオンズ
- □ もち rice cake ライスケィク
- □ 卵 egg エッグ
- □ 天かす deep fried dough ディープ フライドゥ ドー
- □ 干しエビ dried shrimp ドライド シュリンプ
- □ 麺 noodles ヌードル
- □ 紅しょうが red ginger レッドジンジャー
- □ 青のり blue seaweed ブルー スィーウィード
- □ かつおぶし bonito ボニート
- □ もんじゃ焼き monja-yaki モンジャ ヤキ
- □ モダン焼き modern-yaki モダン ヤキ
- □ たこ焼き octopus dumplings オクトパス ダンプリング

専門店別フレーズ

うどん・そば店

そばはそば粉から
つくられた麺です。

Soba noodles are made from buckwheat flour.

ソバ ヌードゥズ アー メイド フロム バックウィートゥ フラワー

冷たいそばと温かいそば、
どちらにいたしますか？

How would you like to eat your soba, hot or cold?

ハウ ウッジューライク トゥ イートゥ ユアソバ ホット オア コールドゥ

会話バリエーション

トッピングに天ぷらがよく合います。

We recommend tempura as a topping for soba.
ウィ レコメンド テンプラ アズ ア トッピング フォー ソバ

麺を少しずつ取って、つゆにつけて食べてください。

Dip some noodles into the soup and eat.
ディップ サムヌードゥズ イントゥ ズィ スープ アンド イート

テーブルにある薬味をお好みで入れてお召し上がりください。

If you like, there are some spices on the table.
イフ ユー ライク ゼアラー サム スパイスィズ オン ズィ テーボー

音を立ててそばを食べる人が多くいます。日本ではマナー違反ではありません。

Many people make slurping noises when they eat soba. It's not considered bad manners in Japan.
メニィピーポー メイク スラーピングノイズィズ ホェン ゼィ イートゥ ソバ イッツ ノットゥ コンスィダードゥ バッド マナーズ イン ジャパン

残ったつゆにそば湯を入れて飲むことができます。

After you eat the soba, you can
アフター ユーイート ズィソバ ユー キャン

pour sobayu into the bowl with
プア ソバユ イントゥズィ ボウル ウィズ

the sauce and drink it.
ズィ ソース アンド ドゥリンク イットゥ

➔「そば湯」は「Hot water boiled soba（ホッ ウォーター ボイルドゥ ソバ)」と言えます。

単語帳

うどん・そば店関連

- □ かけそば **buckwheat noodles in soup** バックウィート ヌードゥズ インスープ
- □ ざるそば **cold buckwheat noodles** コーゥドゥバックウィート ヌードゥズ
- □ 麺つゆ **noodle soup** ヌードル スープ
- □ 天かす **deep fried dough** ディープ フライドゥ ドー
- □ 油揚げ **fried tofu** フライドトーフ
- □ ネギ **green onion** グリーン オニオン
- □ 七味唐辛子 **seven spice blend** セブン スパイス ブレンド
- □ ゆず七味 **yuzu shichimi** ユズ シチミ
- □ わさび **wasabi** ワサビ
- □ 大盛り **large serving** ラージ サービング
- □ 冷やしうどん **chilled udon** チゥドゥ ウドン
- □ 煮込みうどん **broth-simmered udon** ブロス スィマードゥ ウドン
- □ あんかけうどん **udon with starchy sauce** ウドン ウィズ スターチー ソース
- □ カレーうどん **udon with curry soup** ウドン ウィズ カリー スープ
- □ 茶そば **green tea soba** グリーンティ ソバ
- □ えび天 **fried prawn** フライド プラウン
- □ おろし **grated radish** グレィテッドゥ ラディッシュ
- □ とろろ **grated yam** グレィテッドゥ ヤム
- □ 月見 **with a raw egg** ウィズア ローエッグ
- □ かきあげ **mixed vegetables and seafood tempura** ミックスドゥ ヴェジタボー アン スィーフード テンプラ

ワンポイント

日本の調味料を説明する

外国人は、日本には独特の調味料や調理法があるという認識を持っています。特に近年、発酵食品が健康志向の高い外国人に人気です。シンプルな食品説明をお伝えします。

□みそ（miso）：発酵させた大豆のペースト。

Fermented soybeans paste.
フェルメンテッドゥ　ソイビーンズ　ペーストゥ

□麹（koji）：麹は、米に「アスペルギルスオリゼ」と呼ばれる菌を混ぜてつくるものです。みそ、しょうゆ、日本酒などの日本の伝統的な製品をつくるには不可欠です。

Koji is the product of rice grains being inoculated
コージ　イズ　ズィプロダクト　オブ　ライスグレインズ　ビーング　イノキュレイテッドゥ
with bacteria called "Aspergillus oryzae". To make
ウィズ　バクテーリア　コールドゥ　アスペーギルス　オリズィ　トゥメイク
traditional Japanese products such as miso,
トラディッショナル　ジャパニーズプロダクツ　サッチアズ　ミソ
soy sauce, sake, koji is vital.
ソイソース　サケ　コージ　イズ　ヴァイタゥ

□しょうゆ（soy sauce）：発酵大豆からつくられた塩辛いソース。

Salty and savory liquid made of fermented
ソゥティ　アンド　セイヴォリーリクィッドゥ　メィドオブ　フェルメンテッドゥ
soy beans.
ソイビーンズ

□甘酒（amazake）：発酵全粒穀物からつくられたノンアルコール飲料。

Non-alcoholic drink made from fermented
ノンアルコホーリックドゥリンク　メイドフロム　フェルメンテッド
whole grain rice.
ホールグレイン　ライス

□みりん（mirin）：調味料用のお米のお酒。

Sweet rice wine for seasoning.
スィート　ライス　ワイン　フォー　スィーズニング

専門店別フレーズ

中華料理店

おひとり様 4,000 円から
コースがあります。

Our course meal
アワ　コースミーゥ
start at
スタートゥ　アット
four thousand yen
フォーサウザンドゥイエン
per person.
パーパーソン

今日の日替わりランチは
餃子セットです。

Our daily lunch is
アワ　デイリーランチ　イズ
a gyoza combo.
ア　ギョーザ　コンボ

➔餃子は、海外でも「Gyoza」と呼ばれている地域が多いです。通じない場合は「Dumpling（ダンプリン）」と伝えてみてください。

会話バリエーション

かなり辛い料理ですが、大丈夫ですか？

This dish is very spicy, is that OK?
ディスディッシュ イズ ヴェリー スパイスィ イズザットゥオーケイ

点心セットがおすすめです。

We recommend the dumpling set.
ウィ リコメンドゥ ズィ ダンプリング セットゥ

これは日本風の中華料理です。

This is Japanese style Chinese food.
ディス イズ ジャパニーズ スタイゥ チャイニーズ フード

単語帳

中華料理店関連

- □ 餃子 gyoza ギョーザ
- □ しゅうまい steamed meat dumpling スチームド ミートダンプリング
- □ チャーハン fried rice フライド ライス
- □ 焼きそば fried noodles フライド ヌードゥズ
- □ 麻婆豆腐 mapo tofu マーポー ドーフ
- □ 酢豚 sweet and sour pork スウィート アン サワー ポーク
- □ 蒸し鶏 steamed chicken スティームド チキン
- □ レバニラ炒め stir-fried lever and leek スターフライドリバー アンド リーク
- □ 青椒肉絲（チンジャオロース） geen pepper meat thread グリーン ペッパー ミート スレッド
- □ 回鍋肉（ホイコーロー） twice cooked pork トゥワイス クックド ポーク
- □ 杏仁豆腐 almond tofu アーモンド トーフ
- □ ごま団子 sesame dumpling セサミ ダンプリング
- □ 紹興酒 shaoxing sake シャウシング サケ
- □ 香菜（ツァンツァイ） coriander コリアンダー
- □ 羊肉 mutton マトン
- □ ラー油 chili oil チリ オイゥ

専門店別フレーズ

居酒屋

お飲み物のご注文を先におうかがいしてよろしいですか。

Can I get you something to drink first?

キャナイ ゲッチュー サムスィング トゥ ドゥリンク ファーストゥ

2時間の飲み放題コースがあります。

All you can drink for two hours is the best deal.

オーウ ユーキャン ドゥリンク フォー トゥアワーズ イズ ズィ ベストディーゥ

➔「フリードリンク」という言葉だと「飲み物が無料」という意味になるのでご注意。

会話バリエーション

日本酒は熱燗にしますか？　冷やにしますか？

Would you like to chilled or hot sake?
ウッジュー　ライク　トゥ　チゥド　オアホット　サケ

焼き鳥はたれ味と塩味のどちらにしますか？

Would you like yakitori with salt or sauce?
ウッジュー　ライク　ヤキトリ　ウィズ　ソゥトゥ　オア　ソース

単語帳

居酒屋関連

□ 座敷席	Japanese style seat	ジャパニーズスタイゥ スィート
□ 掘りごたつ	sunken kotatsu	サンケン　コタツ
□ 生ビール	draft beer	ドゥラフト ビアー
□ 地ビール	local beer	ローカル ビアー
□ 日本酒	sake / Japanese rice wine	サケ　ジャパニーズ ライス ワイン
□ 焼酎	shochu	ショーチュー
□ 梅酒	plum wine	プラム　ワイン
□ チューハイ	shochu highball	ショーチュー ハイボール
□ レモンサワー	lemon sour	レモン　サワー
□ ハイボール	highball	ハイボール
□ 赤ワイン	red wine	レッド ワイン
□ 白ワイン	white wine	ホワイト　ワイン
□ ジョッキ	mug	マグ
□ お湯割り	hot water allocation	ホットウォーターアロケイション
□ 水割り	water split	ウォーター スプリット
□ ソーダ割り	soda split	ソーダスプリット
□ ノンアルコールドリンク	non-alcoholic drink	ノン　アルコール ドゥリンク
□ 冷ややっこ	cold tofu	コールドトーフ
□ 枝豆	green soybeans	グリーン　ソイビーンズ
□ 唐揚げ	fried chicken	フライド　チキン
□ お新香	pickle	ピクル
□ ポテトサラダ	potato salad	ポテイト　サラド
□ つくね	meat ball	ミートボーゥ
□ 焼き魚	grilled fish	グリルド フィッシュ

専門店別フレーズ

洋食店

ライスとパン、
どちらにいたしますか？

Would you prefer rice or bread?

ウッジュー　プリファー　ライス　オア　ブレッド

ピザの種類はこちらからお選びいただけます。（メニューを指さしながら）

You can choose any kind of pizza from this list.

ユーキャンチューズ　エニィ　カインドオブ　ピッツァ　フロム　ディスリストゥ

会話バリエーション

メインはお肉とお魚、どちらにいたしますか？

Would you like meat or fish as the maindish.
ウッジュー ライク ミートゥ オア フィッシュ アズ ズィ メインディッシュ

このセットにはスープとパンがつきます。

This set comes with soup and bread.
ディスセット カムズウィズ スープ アン ブレッド

ピザのサイズはレギュラーとラージがあります。

We have regular or large size pizza.
ウィ ハヴ レギュラー オア ラージ サイズ ピッツァ

単語帳

洋食店関連

- □ フルコース full course meal フル コース ミーゥ
- □ 前菜 appetizer アペタイザー
- □ スープ soup スープ
- □ サラダ salad サラド
- □ メインディッシュ main dish メインディッシュ
- □ デザート dessert デザート
- □ ステーキ steak ステイク
- □ ハンバーグ hamburger steak ハンバーガー ステイク
- □ シチュー stew ストュー
- □ グラタン gratin グラッティン
- □ ドリア doria ドリア
- □ スパゲッティ spaghetti スパゲティー
- □ オムライス omelette rice オムレット ライス
- □ ピザ pizza ピッツァ
- □ ニョッキ gnocchi ノーキー
- □ リゾット risotto リゾットー
- □ ミネストローネ minestrone ミネストローネ
- □ クラムチャウダー clam chowder クラム チャウダー
- □ カルパッチョ carpaccio カルパッチョ
- □ チーズ cheese チーズ

専門店別フレーズ

喫茶店・カフェ

コーヒーはホットとアイス、
どちらになさいますか？

How would you like your coffee, hot or iced?

ハウ ウッジュー ライク ユア コーフィー ホット オア アイスドゥ

ケーキセットで
100 円割引となります。

If you order the cake set, it's one hundred yen less.

イフ ユー オーダー ズィ ケイク セット イッツ ハンドレッドイェン レス

会話バリエーション

コーヒー豆を自家焙煎しています。

We roast our coffee here.
ウィ ロースト アワ コーフィー ヒーア

紅茶の種類をこちらから選んでください。

Please choose any kind of teas from this list.
プリーズ チューズ エニィ カインド オブ ティーズ フロム ディス リストゥ

コーヒーにミルクとお砂糖はご入用ですか？

Do you want milk and sugar?
ドゥ ユー ウォナ ミゥク アン シュガー

喫茶店・カフェ関連

- □ コーヒー **coffee** コーフィー
- □ アイスコーヒー **iced coffee** アイスド コーフィー
- □ カフェオレ **cafe au lait** キャフェー オーレー
- □ エスプレッソ **espresso** エスプレソー
- □ ココア **cocoa / hot chocolate** ココ ホットゥチョコレィト
- □ 紅茶 **black tea** ブラック ティ
- □ ミルクティー **milk tea** ミルク ティ
- □ ハーブティー **herbal tea** ハーバル ティ
- □ レモネード **lemonade** レモネード
- □ ジュース **juice** ジュース
- □ 炭酸水 **sparkling water** スパークリング ウォーター
- □ 豆乳 **soy milk** ソイ ミゥク
- □ ガムシロップ **gum syrup** ガム スィロップ
- □ ノンカフェイン **non-caffeine** ノン キャフェイン
- □ パフェ **parfait** パーフェー
- □ アイスクリーム **ice cream** アイス クリーム
- □ サンドイッチ **sandwich** サンウィッジ
- □ トースト **toast** トースト
- □ ホットケーキ **pancake** パンケイク
- □ はちみつ **honey** ハニー

Part 2 飲食店 喫茶店・カフェ

専門店別フレーズ

ファーストフード

店内でお召し上がりですか？お持ち帰りですか？

For here or to go?
フォー ヒア オア トゥゴー

➔「持ち帰り」は、「テイクアウト」でも通じますが、あまり使いません。「to go」か「take away（ティカウェイ）」がよいでょう。

こちらの番号札をお持ちください。

Please wait for this
プリーズ ウェイトゥ フォー ディス
number to be called.
ナンバー トゥビー コーゥドゥ

会話バリエーション

セットのお飲み物をお選びください。

Please choose one drink.
プリーズ　チューズ　ワンドゥリンク

席までお運びいたします。

Let us bring it to you.
レットアス　ブリングイット　トゥユー

サイズはＳ、Ｍ、Ｌのどれにいたしますか？

Which size would you like, small, medium, or large?
ホィッチ　サイズ　ウッジューライク　スモーゥ　ミディアム　オア　ラージ

あちらのカウンターでお渡しいたします。

Your order will be ready at the counter.
ユアオーダー　ウィウビー　レディ　アット　ズィ　カウンター

単語帳

ファーストフード関連

- □ ハンバーガー　**hamburger**　ハンバーガー
- □ チーズバーガー　**cheeseburger**　チーズバーガー
- □ ホットドッグ　**hot dog**　ホッ ドッグ
- □ フライドポテト　**french fries**　フレンチ フライズ
- □ フライドチキン　**fried chicken**　フライド チキン
- □ チキンナゲット　**chicken nugget**　チキン ナッゲット
- □ チリソース　**chili sauce**　チリ ソース
- □ バーベキューソース　**barbecue sauce**　バーベキュー ソース
- □ ケチャップ　**ketchup**　ケチャップ
- □ マスタード　**mustard**　マスタード
- □ サラダ　**salad**　サラド
- □ スープ　**soup**　スープ

専門店別フレーズ

猫カフェ・メイド喫茶

猫カフェでは、自由に猫に触ったり遊んだりできます。

At a cat cafe, you can touch and play with cats freely.

アットァ キャットカフェ ユー キャン タッチ アンド プレイ ウィズ キャッツ フリーリィ

メイドとのツーショット写真は1枚500円です。

One photo with a maids costs five hundred yen.

ワン フォト ウィズア メイドゥ コスツ ファイヴハンドレッドイェン

会話バリエーション

こちらで入場料をお支払いください。

Please pay the entrance fee here.
プリーズ ペイ ズィエントランスフィー ヒーア

大声を出すと猫が驚くので、お控えください。

Please do not talk loudly around the cats.
プリーズ ドゥナットゥ トーク ラゥドゥリー アラウンド ズィ キャッツ

お帰りなさいませ。ご主人様。

Welcome home, master.
ウェルカムホーム マスター

店内での撮影はご遠慮ください。

Please do not take any photos here.
プリーズ ドゥ ノットゥ テイク エニィ フォトズ ヒーア

猫カフェ・メイド喫茶関連

- □ 時間制限 time limit タイムリミット
- □ 写真撮影自由 photography permitted フォトグラフィ パーミッテッドゥ
- □ 抱っこ hug ハグ
- □ 名前を呼ぶ call the name コール ズィ ネーム
- □ 猫のご飯 cat food キャット フード
- □ かわいい cute キュート
- □ 人懐っこい friendly フレンドリー
- □ 人見知り shy シャイ
- □ ご帰宅 return home リターン ホーム
- □ お出かけ go out ゴーアウト
- □ ツーショット写真 two-shot photography トゥーショット フォトグラフィー
- □ インスタント撮影 instant shooting インスタント シューティング
- □ メイド服 French maid costume フレンチ メイドゥ コスチューム
- □ エプロン apron エープロン
- □ コスプレ cosplay コスプレー
- □ アニメ風 anime style アニメ スタイル

言いまわしのバリエーションがあれば、怖くない！

会話の中の英単語ひとつがわからないことでつまずいてしまい、その先の会話がしっかり聞けなくなるというのはよく起きることです。会話の最中はお客様の表情をよく見て、「ん?」という疑問の表情をされた際は、「この言葉につまづいたな」と察知するようにしましょう。

そして、同じ意味の違う言いまわしでお伝えしましょう。例えば、「寒い」という表現ひとつにしても「cold」「cool」「chilly」「freezing」などの同義語があります。そして言葉だけではなく文章でも、「間に合いますか ?」を伝えたい場合は、「Do you have enough time?」という言いまわしだけじゃなく「Can you make it?」いう言い方もできるわけです。

場合によっては、こちらの発音の問題で相手に伝わらない場合もあります。その場合もいろいろな言いまわしを使うことにより、伝わりやすい言葉が出てきたりもするでしょう。それを自分の得意の発音フレーズにしてみましょう！　伝わらない場合でも、臆せずいろいろな言葉を伝えてみることがポイントです。本書の中にも、同じ意味の違う言いまわしが出てきますので、ぜひ参考にしてください。

Part 3

ショップ

来店

お客様を迎える

こんにちは、
いらっしゃいませ！

Konnichiwa!
コンニチワ

How are you?
ハーワーユー

Part1 でも述べましたが、日本に来たことを感じていただくために、ここは日本語の挨拶「こんにちは」や「いらっしゃいませ」でお迎えするのもよいでしょう。

海外の店舗に行くと、よく「Hi, How are you?」と声をかけられます。ここでの「How are you?」は「元気ですか ?」という意味よりも、ウェルカムな気持ちを伝える意味合いです。

会話バリエーション

こんにちは。いらっしゃいませ！

Hi! How are you doing?
ハイ　ハワユー　ドゥーイング

どうぞお入りください。

Please come in.
プリーズ　カムイン

ご自由にご覧ください。

Feel free to have a look.
フィール　フリー　トゥ　ハヴァ　ルック

ご自由にご覧ください。

Feel free to look around.
フィール　フリー　トゥ　ルック　アラウンドゥ

何かお手伝いいたしますか？

May I help you?
メイアイ　ヘルプユー

はい。私も元気です。

I'm good, thank you!
アイムグッドゥ　センキュー

➔「How are you?」とお声かけしたあとに、お客様から「Good.（グーッド)」（よいです）などと答えが返ってくることや、さらには「And you?（アンドユー)」（あなたはどうですか？）や「How are you?（ハウ アー ユー)」（お元気ですか？）と質問返しされることもあるでしょう。そんな時にはこのように答えましょう。

来　店

探している商品をお聞きする

何かお探しですか？

Are you looking for something?

アーユー　ルッキング　フォー　サムスィング

お客様が、何か特定のものを探していらっしゃる様子の際は、こちらから何かお探しかどうか、お声かけをしましょう。

もし、メモや商品名を印刷した紙を持っていらっしゃるようでしたら、「May I see?（メイアイ スィー）」（見てもよいですか？）と言いながら、メモを拝見させていただきましょう。

会話バリエーション

靴下を探しています。

I'm looking for socks.
アイム　ルッキング　フォー　ソックス

ただいろいろと見ているだけです。

Just looking around.
ジャスト　ルッキング　アラウンドゥ

いいえ、大丈夫です。

No, I'm OK.
ノー　アイム　オーケー

恐れ入りますが、靴下の取り扱いがありません。

I'm afraid we don't have socks.
アイム　アフレイドゥ　ウィ　ドント　ハヴ　ソックス

わかりました。必要な時には声をかけてくださいね。

OK.Tell me if you need anything.
オーケイ　テルミー　イフ　ユー　ニードゥ　エニスィング

ぜひ手に取ってみてください。

Feel free to handle any products.
フィール　フリー　トゥ　ヒャンドゥ　エニィプロダクツ

ぜひ手に取ってみてください。

Feel free to pick up the items.
フィール　フリー　トゥ　ピック　アップ　ズィ　アイテムス

ゆっくりご覧ください。

Please take your time.
プリーズ　テイクユア　タイム

妻のために何かを探しています。

I'm looking for something for my wife.

アイム ルッキングフォー サムスィング フォー マイワイフ

こちらはどうですか？（商品を見せながら）

How about this?

ハウアバウト ディス

女性にはこちらが人気です。

This is popular with woman.

ディスイズ ポピュラー ウィズ ウーマン

女性にはこちらが人気です。

These are popular among woman.

ディーズ アー ポピュラー アマング ウーマン

日本のお土産を探しています。

I am looking for Japanese souvenirs.

アイ アム ルッキング フォー ジャパニーズ スーヴェニーア

日本のお土産を探しています。

I am looking for souvenirs from Japan.

アイアム ルッキング フォー スーヴェニーアズ フロム ジャパン

こちらがお土産コーナーです。

Here is the souvenir section.
ヒア イズズィ スーヴェニーア セクション

お探しの商品はございましたか？

Did you find what you wanted?
ディッジュー ファインドゥ ホワットゥ ユー ウォンテッド

お探しの商品はございましたか？

Have you found what you were looking for?
ハヴユー ファウンドゥ ホワットゥ ユーワー ルッキングフォー

単語帳

人物

□ 自分	myself マイセルフ	□ 娘	daughter ドーター
□ 父	father ファザー	□ 祖父母	grandparents グランドペアレンツ
□ 母	mother マザー	□ 祖父	grandfather グランドファザー
□ 夫	husband ハズバンド	□ 祖母	grandmother グランドマザー
□ 妻	wife ワイフ	□ パートナー	partner パートナー
□ 子供（1人）	child チャイルド	□ 赤ちゃん	baby ベイビー
□ 子供（複数）	children チルドレン	□ 友達	friend フレンド
□ 息子	son サン	□ 親戚	relatives リレイティブス

来店

人気商品の紹介

これが人気の商品です。

This one is popular.

ディスワン イズ ポピュラー

何を買ったらいいのか迷っているお客様がいらっしゃったら、こちらから声かけをしましょう。「店員と話しながら決めたいけれども、英語は通じるかな？」と思いながら躊躇しているお客様もいらっしゃるからです。

会話バリエーション

これは人気商品のひとつです。

This is one of the trending products.
ディスイズ　ワンオブ　ズィ　トレンディング　プロダクツ

女性に人気がある商品です。

This is popular with woman.
ディスイズ　ポピュラー　ウィズ　ウーマン

こちらは当店の看板商品です。

This is our best-selling item.
ディスイズ　アワ　ベストセリング　アイテム

こちらは当店で一番売れている商品です。

These are our top selling products.
ディーズ　アー　アワ　トップセリング　プロダクツ

こちらの商品は新発売です。

This is our new product.
ディスイズ　アワ　ニュープロダクトゥ

こちらの商品は新発売です。

These are new arrivals.
ディーズ　アー　ニューアライバルズ

本日発売の商品です。

This product was released today.
ディスプロダクトゥ　ワズ　リリースドゥ　トゥデイ

こちらはお買い得品です。

This product is a real deal.
ディスプロダクトゥ イズ ア リアル ディール

こちらの商品は今お買い得になっています。

These are realbargain right now.
ディーズアー リアルバーゲン ライナウッ

本日からセールがはじまりました。

The sale started today.
ズィセーゥ スターテッドゥ トゥデイ

2点お買い上げで10%割引となります。

If you buy two, you get 10% off.
イフユーバイトゥ ユーゲット テンパーセント オフ

2点お買い上げで10%割引となります。

If you get two, you will have a 10% discount.
イフユーゲットトゥ ユーウィウ ハヴァ テンパーセント ディスカウントゥ

こちらが最後の商品になります。

This is the last one.
ディスイズ ズィ ラスト ワン

違うサイズもございます。

We have other sizes.
ウィハヴ アザーサイズィズ

単語帳

POPに便利な言葉

□ 最新版	latest edition レイテスト エディション	□ 人気	popular ポピュラー
□ 限定品	limited edition リミテッド エディション	□ 高品質	high quality ハイ クオリティ
□ リニューアル	renewal リニューアル	□ こだわりの商品	commitment products コミットメント プロダクツ
□ おすすめ	recommended レコメンド	□ 職人がつくった	craftsman made クラーフツマン メイド

役立ちツール

視覚メッセージとしてお客様に伝えることができるPOPは、ぜひ店頭に取り入れましょう。なるべくわかりやすく、シンプルな表現が目に留まりやすいポイントです。

人気商品
HOT ITEM

新入荷
NEW ARRIVAL！

ひとつ買うと、
ひとつ無料！
Buy 1 Get1 FREE!

大セール実施中！
Clearance!

値下げしました
Price down!

ブロガーおすすめ！
Blogger's choice!

来店

在庫の確認

在庫を確認してきます。

Let me check the stock.

レッミー チェック ズィ ストック

申し訳ございません。
在庫がありません。

I'm afraid we don't have any left.

アイムアフレイド ウィ ドントゥ ハヴ エニィ レフト

会話バリエーション

在庫があるかどうか確認します。

I'll confirm whether we have the item in stock.
アイゥ コンファーム ホェザー ウィハヴ ズィアイテム インストック

在庫は５つありました。

There are five of these left.
ゼアラー ファイヴ オブ ズィーズ レフト

これは最後のひとつです。

This one is the only one left.
ディスワン イズズィ オンリー ワン レフト

今からおつくりするので、１時間ほどかかります。

It may take one hour before it is ready.
イットゥ メイ テイク ワンナワー ビフォア イトゥイズ レディ

明日以降に入荷します。

It will arrive day after tomorrow.
イットゥィウ アラーイヴ デイアフタートゥモーロゥ

商品は明日、補充されます。

We will restock them day after tomorrow.
ウィウィウ リストックゼム デイアフター トゥモーロゥ

ファッションショップ

試　着

お試しになりますか？

Would you like to try it on?

ウッジュー　ライク
トゥ　トライ　イット　オン

母国とは違うサイズ展開の衣服は、購入も不安になるでしょう。ぜひ、「お気軽にどうぞ」という気持ちを込めて、お声かけしましょう。海外には、試着不可の国もあるので、試着ができるかどうか疑問に思っている可能性もあります。

試着室はこちらです。（ひとつしかない場合）

This is the fitting room.
ディスイズ　ズィ　フィッティング　ルーム

試着室はこちらです。（部屋が2つ以上ある場合）

These are the fitting rooms.
ディーズ　アー　ズィ　フィッティング　ルームス

靴を脱いでご利用ください。

Please take your shoes off.
プリーズ　テイクユア　シューズオフ

靴を脱いでご利用ください。

Remove your shoes please.
リムーヴ　ユア　シューズ　プリーズ

ご質問があれば呼んでください。

Let me know if you have any questions.
レッミーノウ　イフユーハヴ　エニィ　クエスチョンズ

ご質問があれば呼んでください。

Feel free to call me if you have any questions.
フィールフリー　トゥ　コーゥミー　イフユーハヴ　エニィ　クエスチョンズ

（フェイスカバーについての）使用方法をお読みになって
ご対応をお願いします。

Please read and follow the instructions.

プリーズリード アン フォロー ズィ インストラクションズ

役立ちツール

フェイスカバーについて知らない場合が多いので、説明文の POP をあらかじめつくって試着室に貼っておくことをおすすめします。

> お客様各位
>
> 被り物を試着する際は、お化粧で洋服を汚さないように、このフェイスカバーをご利用ください。
>
> **Dear customers,**
>
> **Please use this face cover when you try on any pullovers so that your makeup doesn’t stain the clothes.**

単語帳

ファッションアイテム

□ 上着	outerwear	アウターウェアー
□ コート	coat	コートゥ
□ ダウンコート	down coat	ダウン コートゥ
□ トレンチコート	trench coat	トレンチ コートゥ
□ パンツ	pants	パンツ
□ ジーンズ	jeans	ジーンズ
□ ストレッチパンツ	stretch pants	ストレッチ パンツ
□ スカート	skirt	スカートゥ
□ フレアスカート	flare skirt	フレア スカートゥ
□ プリーツスカート	pleated skirt	プリーツテッド スカートゥ
□ 巻きスカート	wrap skirt	ラップ スカートゥ
□ スーツ	suit	スートゥ
□ パンツスーツ	pants suit	パンツ スートゥ
□ ワイシャツ	shirt	シャトゥ
□ セーター	sweater	スェーター
□ カットソー	cut-and-sew	カット アンド ソゥ
□ トレーナー	trainer	トゥレイナー
□ Tシャツ	T-shirt	ティーシャートゥ
□ 下着	underwear	アンダーウェア
□ 水着	swimsuit	スィムスートゥ
□ 帽子	hat	ハット
□ キャップ	cap	キャップ
□ 靴	shoes	シューズ
□ フォーマル靴	formal shoes	フォーマル シューズ
□ スニーカー	sneakers	スニーカーズ
□ サンダル	sandals	サンダルズ
□ ブーツ	boots	ブーツ
□ 靴下	socks	ソックス
□ スポーツウェア	sportswear	スポーツウェア
□ 登山用	climbing	クライミング

ファッション用語

□ 男性用	mens	メンズ
□ 女性用	ladies	レィディース
□ 子ども用	kids	キッズ
□ 上品な	elegant	エレガント
□ 若者向け	for young people	フォー ヤング ピーポー
□ 軽い	light	ライト
□ 重い	heavy	ヘビー
□ 薄い	thin	スィン
□ 厚い	thick	スィック
□ ゆるめ	loose	ルース
□ きつめ	tight	タイト
□ 暖かい	warm	ウォーム
□ 涼しい	cool	クール
□ 通気性	breathable	ブリーザボー
□ 耐水性	water resistant	ウォーター レジスタントゥ
□ デザイン	design	ディザーイン

ファッションショップ

サイズ・色の確認

サイズはいかがですか？

How is the size?

ハゥ　イズ　ズィ　サイズ

大きなサイズはありますか？

Is there a bigger size?

イズ　ゼア　ア　ビッガーサイズ

会話バリエーション

いかがでしたか？

How do you like it?
ハウ　ドゥーユー　ライケッ

これより大きなサイズはありますか？

Do you have a bigger size?
ドゥユー　ハヴァ　ビッガーサイズ

小さすぎました。

This is too small.
ディスイズ　トゥ　スモール

大きなサイズを持ってきます。

Let me bring you a bigger size.
レッミー　ブリングユーア　ビッガーサイズ

日本のサイズは小さめです。

Japanese size runs small.
ジャパニーズ　サイズ　ランズ　スモーゥ

日本のサイズは小さめです。

Japanese size is smaller than the international size.
ジャパニーズサイズ　イズ　スモーラー　ザン　ズィ　インターナショナルサイズ

同じものでメンズサイズもございます。

We also have the men size with the same design.
ウィ　オウソー　ハヴ　ズィ　メーンサイズ　ウィズ　ズィセーム　ディザーイン

同じデザインでメンズサイズもございます。

There is the same design in the men's size.
ゼアイズ ズィ セイム ディザーイン インズィ メンズサイズ

申し訳ございません。このサイズしかありません。

I'm afraid there is only this size.
アイムアフレイド ゼアイズ オンリー ディスサイズ

こちらはフリーサイズとなっております。

This is a one-size-fits-all.
ディスイズ ア ワンサイズフィッツオーゥ

➔洋服で「どんな体型の人でも着ていただける」という意味で使われている「フリーサイズ」という言葉は、標準的な英語表現ではないので通じません。

ちょうどいいですね。

Just the perfect size.
ジャスト ズィ パーフェクト サーイズ

ちょうどいいですね。

It fits perfectly.
イットゥ フィッツ パーフェクトリィ

お客様にお似合いです。

Looks good on you.
ルックス グッド オンユー

お客様にお似合いです。

It suits you well.
イットゥ スーツユー ウェウ

違う色もありますか？

Is there different color?
イズ　ゼア　ディッファレント　カラー

はい。３色ございます。

Yes, there are three different ones.
イエス　ゼアアー　スリー　ディッファレントワンズ

違う色もお持ちしますか？

Should I bring a different color?
シュドゥ　アイ　ブリングア　ディッファレント　カラー

裾上げも承っております。

We offer hemming service.
ウィ　オファー　ヘミング　サービス

約１時間かかります。

It will take one hour.
イットゥ　ウィウ　テイク　ワンナワー

お名前をここに書いてください。（箇所を指しながら）

Your name please.
ユアネイム　プリーズ

こちらの控え用紙をお持ちください。

Please bring the copy of the voucher with you.
プリーズ　ブリング　ズィ　コピー　オブ　ズィ　ヴァウチャー　ウィズ　ユー

単語帳

サイズ

□	Sサイズ	small スモーゥ
□	Mサイズ	medium ミーディアム
□	Lサイズ	large ラージ
□	XSサイズ	extra small エクストゥラ スモーゥ
□	XLサイズ	extra large エクストゥララージ
□	身長	height ハイトゥ
□	首回り	neck ネック
□	胸囲	chest チェストゥ
□	袖丈・裄丈	sleeve スリーブ
□	腕長	arm length アームレングス
□	ウエスト	waist ウェイストゥ
□	ヒップ	hip ヒップ
□	股上	rise ライズ
□	股下	inseam インスィーム
□	パンツ丈	outseam アウトスィーム
□	膝囲	knee girth ニーガース
□	背丈	jacket length ジャケットレングス
□	着丈	dress length ドゥレス レングス
□	高さ	height ハイトゥ
□	幅	width ウィズ
□	長さ、奥行き	length レングス
□	厚さ	thickness ティックネス
□	奥行き、深さ	depth ディープス
□	直径	diameter ダイアミター
□	普通	regular レギュラー
□	長い	tall トール
□	短い	short ショートゥ
□	大きい	large ラージ
□	小さい	small スモール

形

□	丸	round ラウンド
□	四角	square スクエア
□	三角	triangle トライアンゴー
□	台形	trapezoid トラペゾイド

色

□	赤	red レッド
□	青	blue ブルー
□	黄色	yellow イエロー
□	桃色	pink ピンク
□	橙色	orange オーレンジ
□	緑	green グリーン
□	黄緑	yellow-green イエローグリーン
□	水色	light blue ライト ブルー
□	紫	purple パーポー
□	茶色	brown ブラウン
□	こげ茶	dark brown ダーク ブラウン
□	カーキ	khaki カーキ
□	ベージュ	beige ベイジュ
□	黄土色	ocher オーカー
□	深緑	dark green ダーク グリーン

- □ 群青色 ultramarine blue ウルトラマリン ブルー
- □ すみれ色 violet バイオレットゥ
- □ 赤紫 red-purple レッド パープル
- □ グレー gray グレー
- □ 黒 black ブラック
- □ 白 white ホワイト
- □ 銀色 silver スィゥヴァー
- □ 金色 gold ゴールド
- □ 玉虫色 iridescent イリデセント
- □ 蛍光色 fluorescent color フルーレセントゥ カラー

色の表現

- □ 濃い dark ダーク
- □ 薄い light ライト
- □ 明るい bright ブライト
- □ 暗い dark ダーク
- □ 鮮やか vivid ヴィヴィッドゥ
- □ 光沢がある shiny シャイニー
- □ 光沢がない unglossy アングロッスィ
- □ 派手な flashy フラッシー
- □ 地味な sobre ソーブルゥ

柄

- □ 無地 plain プレーン
- □ 柄物 pattern パターン
- □ 水玉 polka dots ポルカ ドッツ
- □ しま模様 striped pattern ストライプド パターン
- □ 花柄 floral フローラル
- □ 和模様 japanese pattern ジャパニーズ パターン

素材の表現

- □ つるつるしている slippery スリッパリー
- □ さらさらしている smooth スムース
- □ ざらざらしている rough ラフ
- □ ふわっとしている softly ソフトリー
- □ もこもこしている fluffy フラッフィー
- □ 手触りのよい have a smooth feel ハヴァ スムース フィーウ
- □ 肌触りのよい feel nice フィーゥ ナイス

ほめ言葉

- □ 似合っている looks good ルックス グッド
- □ 素敵 lovely ラブリー
- □ きれい beautiful ビューティフル
- □ ぴったり exactly エグザクトゥリー

ファッションショップ

素材や機能の説明

素材は綿でつくられています。

This product is made of cotton.

ディス プロダクト イズ メイドオブ コットゥン

最近では、大体の素材表示に英語表記もされていますが、日本語表記だけの場合は、説明しましょう。

特に、「どんな素材かな？」と触っていらっしゃる様子や、タグを探す素振りがあればぜひお伝えしましょう。

会話バリエーション

ここに素材が書いてあります。（タグを見せながら）

The material is written here.
ズィ　マテリアル　イズ　リットゥン　ヒーア

ここに素材が書いてあります。（タグを見せながら）

It tells about the type of material here.
イットテルズ　アバウト　ズィ　タイプオブ　マテリアル　ヒーア

ポリエステルはアレルギーがあります。

I'm allergic to polyester.
アイム　アレジック　トゥ　ポリエスター

ポリエステルは入っていません。

There is no polyester in that.
ゼアイズ　ノー　ポリエスター　インザットゥ

ポリエステルは入っていません。

It doesn't contain polyester.
イットゥダズント　コンテイン　ポリエスター

麻が混ざっています。

This contains hemp.
ディス　コンテインズ　ヘンプ

家で洗濯ができます。

This is washable.
ディスイズ　ウォッシャボー

ドライクリーニングの必要はありません。

Dry cleaning is not reguired.
ドゥライクリーニング　イズ　ノットゥ　リクワィアードゥ

防水加工されているので、雨の日も大丈夫です。

You can use it on rainy days
ユーキャン　ユーズィットゥ　オン　レイニーデイズ

because it's waterproof.
ビコウズ　イッツ　ウォータープルーフ

防水加工されているので、雨の日も大丈夫です。

This is water resistant so
ディスイズ　ウォーターレジスタントゥ　ソー

you can wear it on rainy days.
ユーキャンウェアイットゥ　オン　レイニーデイズ

暖かい素材でつくられています。

It's made of a warm material.
イッツ　メイドオブ　ア　ウォーム　マテーリアゥ

暖かい素材でつくられています。

This material will keep you warm.
ディス　マテーリアゥ　ウィウ　キープユー　ウォーム

今日の気候にちょうどよさそうです。

It's good to wear it in weather
イッツ　グッドトゥ　ウェア　イット イン　ウェザー

like today.
ライク　トゥデイ

ライナーを取り外せます。

You can remove the liner.
ユーキャン　リムーヴ　ズィ　ライナー

防水スプレーもございます。

There is a waterproof spray available too.
ゼアイズア　ウォータープルーフ　スプレイ
アヴァイラボー　トゥ

単語帳

素材・加工

□ 綿 cotton コットン
□ ウール wool ウール
□ 麻 hemp ヘンプ
□ ポリエステル polyester ポリエスタ
□ アクリル acrylic アクリリック
□ ニット knit ニット
□ フリース fleece フリース
□ デニム denim デニム
□ 本革 real Leather リアル　レザー
□ 合皮 synthetic leather スィンテティック　レザー
□ エナメル enamel エナメル
□ しわ加工 wrinkle processing リンクル　プローセシング
□ タック tack タック
□ 折り目 fold フォルド
□ ポケット pocket ポケット
□ 防水 waterproof ウォータープルーフ
□ 防寒 protection against cold プロテクション　アゲインストゥコールドゥ
□ 携帯用 portable ポータブル

アパレル店舗関連

□ ハンガー clothes hanger クローズィーズハンガー
□ マネキン mannequin マネキン
□ 生地 material マテーリアゥ
□ 裏地 lining ライニング

食品ショップ

試食のおすすめ

試食できます。

Feel free to
フィールフリートゥ
try one.
トライワン

海外からのお客様からしたら、これまでに食べたことのない食品や、見た目からはどんな味か想像できない食品があります。ぜひ試していただき、おいしさを理解いただきましょう。

ただし、少しくせのある味など、外国人は苦手だろうなというものは、事前に「少し苦いです」「匂いにはくせがありますが、おいしいですよ」などのお声かけも必要でしょう。

会話バリエーション

試食できます。

You can try it.
ユーキャン　トゥライイットゥ

試食してみませんか？

Would you like to try it?
ウッジュー　ライクトゥ　トゥライイットゥ

味見してみませんか？

Would you like to taste it?
ウッジュー　ライクトゥ　テイストイットゥ

どちらの味をお試ししたいですか？
（商品や一覧などを見せて）

Which one do you prefer?
フィッチワン　ドゥ　ユー　プリファー

どちらの味をお試ししたいですか？
（商品や一覧などを見せて）

Which one would you like to try?
フィッチワン　ウッジュー　ライクトゥ　トゥライ

少し苦いですよ。

It tastes a little bit bitter.
イットゥ　テイスツ　ア　リルビッ　ビター

匂いはくせがありますが、おいしいですよ。

The smell is unique but it's delicious.

ズィ　スメゥ　イズ　ユニーク　バッ　イッツ　デリーシャス

いかがでしたか？

How do you like it?

ハウ　ドゥユー　ライケッ

この工場でつくっています。

This product was made in our factory.

ディスプロダクトゥ　ワズ　メイドイン　アワ　ファクトリィ

自社工場でつくっています。

We make this in our own factory.

ウィ　メイク　ディス　インナワ　オウン　ファクトリィ

長野県の新鮮な食材を使っています。

We use fresh food from Nagano prefecture.

ウィユーズ　フレッシュフード　フローム　ナガノ　プリフェクチャー

役立ちツール

試食してみてください！
TRY ME!

→直訳だと、「私を食べて！」となり、食材・食品がお客様に声をかけているイメージ。

無料で試せます！
FREE SAMPLE!

→何かを配っているとわかっても、それが無料かどうかわからず試せないお客様もいます。

無料で試食できます！
FREE tasting!

→ワインや日本酒など、味（テイスト）を確認する場面で使えます。

お気軽にお試しください！
Feel free to TRY!

→POP内の文字は、特に強調したい部分を大文字にすると目立ちます。目的によってアレンジしましょう。

単語帳

食品名

- □ お惣菜　side dish（サイドディッシュ）
- □ 漬物　pickles（ピッコーズ）
- □ 焼き菓子　baked sweets（ベイクド スイーツ）
- □ 和菓子　Japanese sweets（ジャパニーズ スウィーツ）

試食フレーズ

- □ つくりたて　freshly made（フレッシュリーメイド）
- □ 産地直送　directly from the farm（ダイレクトゥリーフロム ズィ ファーム）
- □ つまようじ　toothpick（トゥースピック）
- □ 紙コップ　paper cup（ペイパー カップ）
- □ ゴミ箱　garbage can（ガーベッジ キャン）

Part 3 ショップ

試食のおすすめ

食品ショップ

保存の説明

要冷蔵の商品です。

You need to keep it refrigerated.

ユーニードゥトゥ キープ イットゥ リフリジレィテッドゥ

保冷剤が必要ですか？

Dou you need an icepack?

ドゥ ユー ニードゥアン アイスパック

会話バリエーション

冷蔵で保管する必要があります。

These have to be refrigerated.
ディーズ ハフトゥ ビィ リフリジレイテッド

保冷剤をおつけしますか？

Shoud I add an icepack to it?
シュドアイ オッドゥ アンアイスパック トゥイットゥ

消費期限はこちらです。（表示を見せながら）

The expiration date is here.
ズィ エクスパレーション データ イズ ヒーア

消費期限はこちらです。（表示を見せながら）

You can see the expiration date here.
ユーキャン スィ ズィ エクスパレーション デートゥ ヒーア

冷蔵庫で１週間持ちます。

It will last a week if you keep it in a fridge.
イットゥウィウ ラスト アウィーク イフ ユー キーピット インナ フリッジ

常温で９月まで日持ちします。

At room temperature, it will last until September.
アット ルーム テンプレチャー イットゥウィウ ラスト アンティゥ セプテンバー

常温保管で９月まで大丈夫です。

You can keep it until September at room temperature.

ユーキャンキープイットゥ　アンティゥ　セプテンバー　アット　ルーム　テンプレチャー

今日中にお召し上がりください。

Please eat this by the end of today.

プリーズ　イートゥディス　バイズィ　エンド　オブ　トゥデイ

今日中にお召し上がりください。

It has to be eaten today.

イットゥ　ハストゥビー　イートゥン　トゥデイ

開封したらその日中にお召し上がりください。

It is best to eat it within the day after opening.

イットゥイズベスト　トゥ　イートイットゥ　ウィズイン　ズィ　デイアフター　オープニング

自然解凍してください。

Please defrost it naturally.

プリーズ　ディフロストイットゥ　ナチュラリー

室温で解凍してください。

Please thaw it at room temperature.

プリーズ　ソゥイットゥ　アット　ルーム　テンプレチャー

お土産なら真空パックの商品がおすすめです。

If you buy it as souvenir, we recommend vacuum packed ones.

イフユー バイ イットゥ アズスーヴェニーア ウィ リコメンド ヴァッキューム パックドゥ ワンズ

缶詰もあります。

We have canned food too.

ウィ ハヴ キャンドゥ フード トゥ

袋が３つ入っています。

It contains three packs.

イット コンテインズ スリーパックス

中に甘いクリームが入っています。

There is some sweet cream inside.

ゼアイズ サム スィートクリーム インサイド

単語帳

食品注意事項

- □ 要冷蔵 keep refrigerated（キープ レフリジレィテッドゥ）
- □ 要冷凍 need to be frozen（ニード トゥビーフローズン）
- □ 常温 at normal temperature（アットノーマル テンパーチャー）
- □ 常温解凍 room temperature thawing（ルーム テンパーチャー ソウイング）
- □ 要加熱 heating required（ヒーティング リクワィアードゥ）
- □ レンジ加熱 microwave heating（マイクロウェーブ ヒーティング）
- □ 消費期限 expiration date（エクスパーレーション デイトゥ）
- □ 本日中 by the end of today（バイズィ エンドオブ トゥデイ）
- □ 真空パック vacuum packed（バキューム パックドゥ）
- □ 開封後 after opening（アフター オープニング）
- □ 保冷剤 ice pack（アイス パック）
- □ 保冷バッグ cool bag（クール バッグ）

食品ショップ

お土産

お土産に人気です。

These are popular as souvenirs.

ディーズアー　ポピュラー　アズ　スーヴェニーアズ

中にあんこが入っています。

It contains red beans.

イットゥ　コンテインズ　レッドビーンズ

日本の伝統的なお菓子です。

These are traditional Japanese sweets.
ディーズアー トラディッショナル ジャパニーズ スィーツ

➔甘いお菓子は「sweets」、それ以外は「snacks（スナックス）」（おやつ）や「treats（トゥリーツ）」（お菓子）を使いましょう。

しょうゆ味です。

It has a soy sauce flavor.
イットハズ ア ソイソース フレイバー

こちらは定番の商品です。

This is the standard.
ディスイズズィ スタンダード

この地域の名産です。

It's the local specialty.
イッツズィ ローカゥ スペシャリティ

日本のお菓子関連（説明）

□ あんこ　sweet red bean paste
スイートゥレッド ビーン ペイストゥ

□ しろあん　sweet white bean paste
スイートゥ ホワイトゥ ビーン ペイストゥ

□ たい焼き　fish shaped cake with filling inside
フィッシュ シェイプドゥ ケイク ウィズ フィリングインサイドゥ

□ もなか　wafer cake with filling inside
ウェイファー ケイク ウィズ フィリング インサイドゥ

□ こんぺいとう　sugar plum
シュガー プラム

□ 緑茶　green tea
グリーンティ

□ 豆製品　soy product
ソイ プロダクト

会計

レジでの会計

こちらのレジでお会計します。

Please pay at this cashier.

プリーズ ペイ アット ディスキャッシャー

お会計の場所に迷われているご様子の場合は、こちらから声をかけましょう。

払い方に不安のある方もいらっしゃいますので、ゆっくりと値段を伝えたり、数字をお見せしたりと工夫しましょう。また、並んで支払うという習慣のないお客様に対しても、公平にお声かけすることで気づいていただくよう促しましょう。

会話バリエーション

こちらでお会計します。

You can pay here.
ユーキャンペイ ヒーア

列に並んでお待ちください。

Please wait in line.
プリーズ ウェイト インライン

（列の最初のお客様に向かって）次のお客様どうぞ。

Next person in the line please.
ネクストパーソン イン ズィライン プリーズ

（列の最初のお客様に向かって）次のお客様どうぞ。

First person in the line please.
ファーストパーソン イン ズィライン プリーズ

（それでも抜かしてくるお客様がいらしたら）
先に並んでいる方からです。少々お待ちください。

Next person in line first, please wait a moment.
ネクストパーソンインライン ファースト プリーズ ウェイト アモーメント

合計 3,000 円です。

The total is three thousand yen.
ズィ トータゥ イズ スリーサウザンド イェン

合計 3,000 円です。

Your total is three thousand yen.
ユア トータゥ イズ スリーサウザンド イェン

消費税が別途 10%かかります。

There will be a 10%
ゼアウィウビーア　テンパーセント

consumption tax on this item.
コンサンプションタックス　オンディスアイテム

消費税が別途 10%かかります。

The 10% consumption tax
ズィ　テンパーセント　コンサンプションタックス

will be charged separately.
ウィウビー　チャージドゥ　セパレィトゥリー

安くなりませんか？

Can I get a discount?
キャナイゲット　ア　ディスカウントゥ

安くなりませんか？

Can you lower the price?
キャンユー　ローワー　ズィプライス

すみません。値引きはできないのです。

We are sorry, no discount
ウィアーソーリー　ノーディスカウント

in this shop.
インディスショップ

すみません。値引きはできないのです。

I’m afraid we can’t discount.
アイムアフレイド　ウィキャント　ディスカウント

お使いいただける電子マネーの種類はこちらです。
（種類の表などを見せながら）

You can use these e-money.
ユーキャン　ユーズ　ディーズ　イーマニー

ワンポイント

数字の読み方

お会計の際、数字を伝える場面が生じます。レジの金額表示をお見せすれば正確ですが、3 桁～6 桁の数値を正しくわかりやすく伝えられるようになりましょう。

□ 3 桁の数字　**→百の位と下 2 桁を分ける**

例：**553**

five hundred　fifty three
ファイヴハンドレッド　フィフティスリー

□ 4 桁の数字　**→千の位と下 3 桁を分ける**

例：**6,783**

six thousand　seven hundred eighty three
スィックス　サウザンドゥ　セヴン　ハンドレッド　エイティスリー

□ 5 桁、6 桁の数字

→コンマの位置を確認しながら 3 桁ごとに区切る

例：**84,395**

eighty four thousand　three hundred ninety five
エイティフォー　サウザンドゥ　スリーハンドレッドゥ　ナインティファイブ

例：**123,567**

hundred twenty three thousand
ハンドレッド　トウェンティスリー　サウザンドゥ

five hundred sixty seven
ファイブ　ハンドレッド　スィックスティ　セヴン

会 計

買い物袋

買い物袋は必要ですか？

Do you need a bag?

ドゥ ユー ニードゥア バッグ

昨今の環境問題も背景にあり、ご自身のショッピングバッグを持参されている場合があります。特に日本は過剰包装であるというイメージを持っている方もいらっしゃるので、必要かどうかをお聞きするとよいでしょう。

買い物袋は不要ですね？

No need for a bag, right?
ノーニードゥ　フォー　ア　バッグ　ライッ

➔商品を準備している時に手を伸ばす方は、買い物袋が必要ないというコミュニケーションかもしれません。

それぞれ３円いたします。

It costs three yen each.
イット　コスツ　スリーイェン　イーチ

それぞれ３円いたします。

We charge three yen per bag.
ウィ　チャージ　スリーイェン　パーバッグ

➔袋の提供が有料の場合は、お知らせしましょう。バッグの写真やイラスト（紙袋やビニール袋など）と、それぞれの価格を記載しておき、指をさしながら必要の有無を質問すると、トラブル回避につながるでしょう。

小分けの袋は必要ですか？

Do you need an extra bag?
ドゥユーニード　アンエクストラバッグ

小分けの袋は必要ですか？

Would you like to have a small bag for each item?
ウッジューライク　トゥ　ハヴァ　スモールバッグ　フォーイーチアイテム

割れ物なのでお気をつけください。

Be careful, these are fragile.
ビーケアフォー　ディーズアー　フラジャイル

お取り扱いにお気をつけください。

Please handle with care.
プリーズ　ハンドゥ　ウィズケーア

梱包材で包みましょうか？

Do you need cushioning materials?
ドゥユーニード　クッショニング　マテーリアルズ

ガラスなので割れやすいです。

Because it is made of glass, it is easy to break.
ビコーズ　イットゥイズ　メイドオブグラス　イットゥイズ　イーズィー　トゥ　ブレイク

ワンポイント　買い物袋有料のお知らせ

買い物袋の有料サービスは、多くの国で当たり前になっていますが、日本ではお店によってルールが違うので、

「買い物袋が必要ですか？」

「Do you need a bag?」
ドゥ　ユー　ニードア　バッグ

と声をかけながら、POPを指し示すと伝わりやすいでしょう。

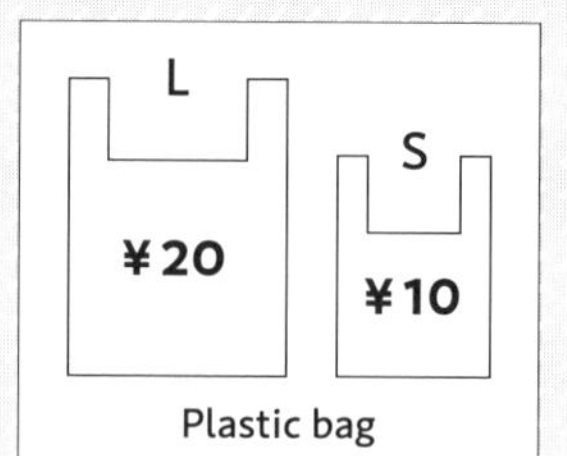

役立ちツール

お土産やギフトで購入されているお客様には、ラッピングサービスのご案内をしましょう。海外では、有料のギフトボックスの用意だけであったり、クリスマスのホリデーシーズンのみの特別サービスである場合が多いです。日本の無料ラッピングサービスをご存じない場合も多いと思うので、ぜひご案内いたしましょう。

「ギフトとしてラッピングいたしましょうか？　無料です」

「Should I wrap it as gift? It's free.」
シュドアイ　ラップイットゥ　アズギフト　イッツフリー

この場合の料金案内は、このようなPOPでわかりやすく伝えましょう。

包装紙に種類がある場合も、サンプルをお見せするツールをつくりましょう。

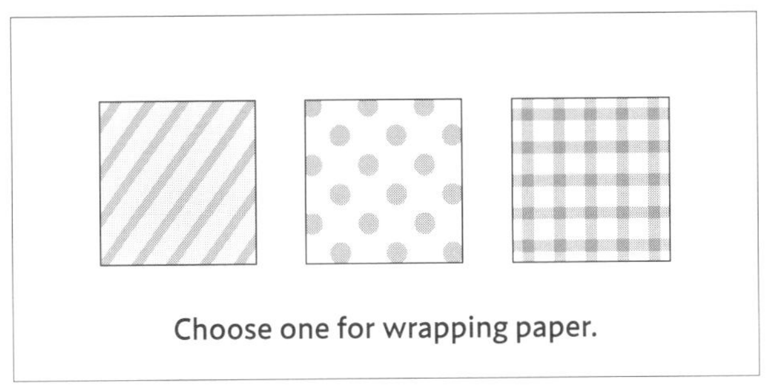

配 送

ホテルに送ることができます。

We can deliver
ウィキャン デリヴァー

this
ディス

to your hotel.
トゥユアホテゥ

慣れない場所で、重い荷物を持って移動するのは大変なことです。大きなものや、壊れやすいものをお買い求めのお客様には、配送可能な旨をお知らせしましょう。

会話バリエーション

配送してもらえますか？

Could you deliver these?
クッジュー　デリヴァー　ディーズ

配送してもらえますか？

Can it be sent?
キャンイットゥビー　セント

はい。できます。どちらへお送りしますか？

Yes, where do you want it to be delivered?
イエス　ホェア　ドゥユー　ウォンティット　トゥビー　デリヴァード

はい。できます。どちらへお送りしますか？

Sure, may I ask you where should it be sent?
シュア　メイアイ　アスクユー　ホェア　シュドゥイットゥ　ビーセント

海外への配送も可能です。

We ship overseas.
ウィシップ　オーヴァーシーズ

海外への配送も可能です。

International delivery is also available.
インターナショナル　デリヴァリー　イズ　オルソー　アヴェイラボー

海外への発送は承っておりません。

We cannot ship overseas.
ウィ キャノット シップ オーヴァーシーズ

配送用の箱代がかかります。

We charge for the shipping box.
ウィ チャージ フォー ズィシッピングボックス

配送用の箱代がかかります。

There will be an extra charge for the shipping box.
ゼアウィウビー アンエクストラチャージ フォーズィ シッピングボックス

配送料は 800 円になります。

The shipping charge is eight hundred yen.
ズィ シッピングチャージ イズ エイトハンドレッドイェン

配送料は 800 円になります。

The fee for delivery is eight hundred yen.
ズィ フィー フォーデリヴァリー イズ エイトハンドレッドイェン

1 万円以上のお買い上げの場合、配送料は無料です。

If you spend more than ten thousand yen, shipping will be free.

イフユースペンド モアザン テンサウザンド イェン シッピング ウィウビー フリー

配送日のご希望はありますか？

Would you like to schedule a delivery date?

ウッジューライクトゥ スケジュール ア デリヴァリィ デイト

一番早くて明日着です。

It can arrive as soon as tomorrow.

イット キャン アライヴ アズスーンアズ トゥモローゥ

こちらの伝票に配送先をご記入ください。

Could you write your mailing address on this voucher?

クッジューライト ユア メイリングアドレス オンディス ヴァウチャー

控えをお持ちください。

Please keep the copy of your voucher.

プリーズ キープ ズィ コピー オブ ユアヴァウチャー

配送関係

□	住所	address アドゥレス	□	伝票	slip スリップ
□	航空便	air mail エアメイウ	□	宛先	destination デスティネイション
□	船便	shipping service シッピング　サービス	□	電話番号	phone number フォン　ナンバー
□	国際便	international flights インターナショナル フライツ	□	品名	product name プロダクト　ネイム
□	到着日	arrival date アライバル デイトゥ	□	ワレモノ	crack クラック
□	控え伝票	counterfoil slip カウンターフォイウ スリップ	□	生もの	raw ロー
□	追跡番号	tracking number トゥラッキング ナンバー	□	衣類	clothing クローズィング
□	運送会社	shipping company シッピング　カンパニー	□	食品	food フード
□	元払い	advance payment アドバンス　ペイメント	□	雑貨	miscellaneous goods ミセレーニアス　グッズ
□	着払い	cash on delivery キャッシュ オン デリバリー	□	化粧品	cosmetics コスメティックス

ワンポイント

海外発送の宛名の書き方

住所の英語表記は、日本の住所表記とは逆の順番になり、建物名＋部屋番号、丁目＋番地＋号、地域名称、市区町村、都道府県（州)、郵便番号、そして最後に国名を記載します。

間違わないように、お客様から住所を見せていただく（場合によっては書いていただく)、そして日本国内宛ての住所ならば、こちらで記入することも心遣いとなるでしょう。

住所記入例：
(私の住むカナダの在カナダ日本大使館の住所)

255	Sussex Drive,	Ottawa,	ON,	K1N 9E6
番地	地域、ストリート名	市	州	郵便番号

CANADA
国

ワンポイント

あいづちのパターン

日本人のお客様からの言葉に対するあいづちは、うなずいたり、「はい」という言葉だけで伝える場合が多いように感じます。時に海外の方から、「本当に理解しているのかわからない」という意見を聞くことがあります。ここでお伝えするあいづちのパターンを使い、お客様にご安心いただきましょう。

お客様：**「この商品は本当に素敵ですね」**
「I think this is so nice.」
アイ　スィンク　ディスイズ　ソー　ナイス

答①：**「そうおっしゃっていただき、うれしいです」**
「Thank you. I'm glad to hear that.」
サンキュー　アイムグラッド　トゥ　ヒア　ザットゥ

答②：**「私もそう思います」**
「I think so too.」
アイ　スィンク　ソー　トゥ

答③：**「このような色がお好きなんですね」**
「Do you like this color?」
ドゥユーライク　ディスカラー

「こちらはいかがですか？」（同じような色の商品を持参して）
「How about this one?」
ハウ　アバウト　ディスワン

ほかにも、
「本当ですか？」「Is that so?」
イズ　ザット　ソー
「そう思われますか？」「Do you think so?」
ドゥユー　スィンク　ソー
「本当にそうですね（同意）」「 It sure is.」
イットゥ　シュア　イズ
という簡単なフレーズでもいいでしょう。
反応という意味では、言葉だけでなく、「素敵！」という表情や拍手するジェスチャー、うれしい気持ちを表わす胸に手を置くしぐさをしたりと、感情の表現はいろいろあるので使ってみましょう。

会 計

免税手続き

当店は免税手続きができます。

This is a
ディスイズア

tax-free store.
タックスフリー　ストーア

「免税店」を辞書で調べると「DUTY-FREE SHOP」と「TAX-FREE SHOP」という表現が出てきます。

免除される税金の種類によって表現が違いますが、一般の事業者が運営することができる免税店は「TAX-FREE SHOP」としての免税店なので、本書ではこの言葉を使っています。

会話バリエーション

免税になりますか？

Is this tax-free?
イズディス　タックスフリー

税抜き 5,000 円以上のお買い物から免税にできます。

We can make items tax-free when you spend more than five thousand yen excluding taxes.
ウィ　キャン　メイク　アイテムズ　タックスフリー　ホェン　ユー　スペンド　モアザン　ファイヴサウザンドイェン　エクスクルーディング　タックスィズ

税抜き 5,000 円以上のお買い物から免税にできます。

The total purchase amount for a tax-free shopping will be more than five thousand yen excluding taxes.
ズィ　トータゥ　パーチェス　アマウントフォー　ア　タックスフリーショッピング　ウィウビー　モアザン　ファイヴサウザンドイェン　エクスクルーディング　タックスィズ

免税カウンターでお手続きしてください。

Please go to the tax-free counter to proceed.
プリーズ　ゴー　トゥズィ　タックスフリー　カウンター　トゥ　プロスィードゥ

ご購入された日に手続きする必要があります。

You have to proceed on the day of you purchase.
ユー ハフトゥ プロスィードゥ オン ズィ デイオブ ユー パーチェス

お買い上げの商品とレシート、パスポートをご持参ください。

Please bring purchased items, the receipts and your passport.
プリーズ ブリング パーチェスドゥ アイテムス ズィ レスィーツ アンド ユア パスポート

お買い上げの商品とレシート、パスポートをご持参ください。

Show us purchased items the receipts and your passport please.
ショウ アス パーチェスドゥ アイテムス ズィ レスィーツ アンド ユア パスポート プリーズ

日本を出国するまでは開封しないでください。

Do not open it until you leave Japan.
ドゥ ノット オープンイットゥ アンティウ ユーリーヴ ジャパン

出国するまで開けないでください。

Please do not open it until you are out of the country.
プリーズ ドゥノット オープンイットゥ アンティウ ユー アー アウトオブズィカントリー

ワンポイント

免税ルール

免税を適用するためには、いくつかのルールがあります。購入時に口頭で伝えるだけでなく、注意書きのようなメモをあらかじめ用意して同封しておくのもよいでしょう。

メモ例：

免税品は 30 日以内に日本から持ち出されなければいけません。
日本を出国するまでは開封しないでください。そして日本国内で消費しないようにしてください。
開封した場合には出国時に課税されます。
Items must be taken out of Japan within 30 days of the purchase.
Please be aware not to open it until you are out of the country. Please do not consume in japan.
If you open the bag, you may be charged a tax at the time of departure.

メモをお渡しする際の声かけ：
「免税についてのメモを入れておきますので、あとでご確認ください」
「I put a note of the
アイプットゥ　アノートオブズィ
tax-free shopping in your bag.
タックスフリー　ショッピング　インユア　バーッグ
Please review it out later.」
プリーズ　レヴューイットゥ　アウト　レイター

会 計

商品の説明書・保証書

説明書を入れておきます。

Instructions are
インストラクションズ　アー

in the bag.
イン　ズィ　バッグ

「Follow the instructions.（フォロー　ズィ インストラクションズ）」（説明書をよく読んでくださいね）と声かけをしながら、その説明書を入れてもいいですね。

日本よりも、気軽に返品交換を求める文化の国もあります。特に繊細な商品については、しっかり説明書を読んで使っていただくことを伝えるのも大切でしょう。

会話バリエーション

使い方の動画を店のホームページにアップしています。

There is a movie showing how to use it on our website.
ゼア イズ ア ムーヴィ ショーイング ハウトゥ ユーズ イットゥ オン アワ ウェブサイト

こちらが保証書です。

This is the warranty.
ディスイズズィ ウォレンティ

1年間の保証つきです。

It has a one year warranty.
イットゥハズ ア ワンイヤー ウォレンティ

1年間の保証つきです。

This is guaranteed for one year.
ディズイズ ギャランティードゥ フォー ワンイヤー

オンラインショップもあります。
こちらにURLが書いてあります。

We have an online shop. Here is the web address of our web page.
ウィハヴアン オンラインショップ ヒアイズ ズィ ウェブアドレス オブ アワウェブページ

海外からの通販もできます。

You can buy these from overseas too.
ユーキャンバイディーズ フロム オーヴァースィーズ トゥ

返品対応

返品はできません。

We don't accept returnes of purchased items.

ウィドン アクセプト リターンズ オブ パーチェスド アイテムズ

日本よりも気軽に返品・交換ができる文化を持つ国も多くあります。お客様にとっては、当たり前の権利として考えている場合もありますから、丁寧に条件をお伝えしましょう。

箱を開けてみたら壊れていたので、
新しいものをください。

I found this broken when I opened the box. Can you give me a new one?
アイ ファウンドゥ ディス ブロークン ホェン アイオープンドゥ ズィ ボックス キャンユー ギヴミー ア ニューワン

箱を開けてみたら壊れていたので、
交換してくれますか？

It was broken when I opened the box. Can you exchange it for a new one?
イットワズ ブローケン ホェン アイ オープンドゥ ズィボーックス キャンユー エクスチェンジイットゥ フォー アニューワン

申し訳ございません。
新しいものと交換させていただきます。

We are sorry, we will give you a new one.
ウィアー ソーリー ウィウィウ ギブユー ア ニューワン

申し訳ございません。新しいものと
交換させていただきます。

We are sorry, we will replace it with a new one.
ウィアー ソーリー ウィ ウィウ リプレイスィット ウィズァ ニュー ワン

新しいものを持ってきます。

I will go get a new one.
アイ ウィウ ゴーゲット ア ニューワン

レシートはお持ちですか？

Do you have the receipt?
ドゥ ユー ハヴ ズィ レスィートゥ

レシートをご持参されましたか？

Did you bring the receipt?
ディッジュー ブリング ズィ レスィートゥ

申し訳ございません。セール品の返品はできません。

I'm afraid you can't return the discounted items.
アイム アフレィドゥ ユー キャントゥ リターン ズィ ディスカウンテッド アイテムズ

開封したものは返品できません。

We don't accept returns once it's opend.
ウィ ドントゥ アクセプトゥ リターンズ ワンス イッツ オープンドゥ

対応できる者を呼んでまいります。

I'll go get the person in charge.
アイゥ ゴーゲットズィ パーソンインチャージ

ワンポイント

クレーム対応

こちらのミスでお客様に不快な思いをさせてしまった場合は、①状況をしっかり理解し（わかったふりは次のトラブルにつながります）、②謝罪の気持ちの伝達、③それに対する具体的な対処をする、という順に進めましょう。ここで、対応フレーズをお伝えします。

「申し訳ございません」

「I'm sorry.」
アイム　ソーリー

「（お店全体として）申し訳ございません」

「We are sorry.」
ウィアー　ソーリー

「大変申し訳ございません」

「I'm terribly sorry.」
アイム　テリブリー　ソーリー

「ご迷惑をおかけして申し訳ありません」

「We are very sorry for your inconvenience.」
ウィアー　ヴェリー　ソーリー　フォーユア　インコンベニエンス

「すぐに新しいものに取り替えます」

「I'll bring you new one right away.」
アィウ　ブリングユー　ニューワン　ライタウェイ

「全額返金させていただきます」

「We would like to offer a full refund.」
ウィ　ウドゥライクトゥ　オファー　アフゥリファンド

会計

営業時間のお知らせ

夜 8 時まで営業しています。

We close at 8:00 pm.
ウィ クローズ アット エイトゥ ピーエム

➔時間を 24 時間で表現することを慣用しない地域も多いので、「20 時」とは言わず、「8:00 pm」と、午後を表わす「pm」をつけて表現します。

今日はもう閉店です。

We're closing very soon today.
ウィ アー クローズィング ヴェリィ スーン トゥデイ

会話バリエーション

あと 5 分ほどで閉店となります。

Closing time is in five minutes.
クローズィングタイム　イズ　イン　ファイヴミニッツ

➔「もうすぐ」という抽象的な表現よりも、実際の時間を伝えるほうが具体的にわかっていただけます。

明日は朝 10 時にオープンします。

We will open from 10:00 am tomorrow.
ウィ　ウィウ　オープン　フロム　テンエーエム　トゥモーロゥ

明日は定休日です。

We will be closed tomorrow.
ウィウィウビー　クローズドゥ　トゥモーロゥ

役立ちツール

Open 9:00 am
Close 10:00pm

「午前 9 時開店、午後 10 時閉店」

Open every day
from 10 am to 10 pm

「毎日朝 10 時から夜 10 時まで営業」

専門店別フレーズ

日本のお土産店

日本にしか売っていません。

You can buy it only in Japan.

ユーキャンバイ イットゥ オンリー インジャパン

こちらは伝統工芸品です。

These are traditional crafts.

ディーズアー トラディッショナゥ クラフツ

会話バリエーション

この商品は日本でしか手に入りません。

This item is available only in Japan.
ディスアイテム イズ アヴァイラボー オンリィ インジャパン

和紙でつくられています。（製品ひとつに対して）

This is made from Japanese traditional paper.
ディスイズ メイドフローム ジャパニーズ トラディッショナル ペイパー

和紙でつくられています。（製品2つ以上の複数形に対して）

These are made from Japanese traditional paper "washi".
ディーズアー メイドフローム ジャパニーズ トラディッショナル ペイパー ワシ

➔和紙は「washi」として知名度を上げてきているので、そのまま伝えるのもよいでしょう。

すべて職人の手づくりです。

All products are handmade by craftsman.
オール プロダクツ アー ハンドメイド バイ クラフツマン

すべて職人の手づくりです。

All of our products are handmade by craftsman.
オールオブアワプロダクツ アー ハンドメイド バイ クラフツマン

この地域の特産品です。

These are the local specialty.
ディーズアー　ズィ　ローカゥ　スペシャリティ

お土産で人気があります。

It is popular as the souvenirs.
イットイズ　ポピュラー　アズ　ズィスーヴェニーアーズ

名前を彫ることができます。

We can offer engraving service your name.
ウィキャン　オファー　エングレィヴィング　サーヴィス　ユアネイム

この店は300年前から続いています。

This shop has a history of over three hundred years.
ディス　ショップ　ハズ　ア　ヒストリーオブ　オーヴァー　スリーハンドレッド　イヤーズ

日本の昔のおもちゃです。

It is Japanese old style toy.
イットゥイズ　ジャパニーズ　オールドスタイル　トーイ

日本の昔のおもちゃです。

This is an antique Japanese toy.
ディスイズ　アン　アンティーク　ジャパニーズ　トーイ

漢字で地名が書かれています。

The name of the place is
ズィネームオブ ズィ プレイス イズ

written in chinese character.
リトゥンイン チャイニーズキャラクター

漢字で地名が書かれています。

It says the name of the place in
イットゥ セィズ ズィ ネイムオブ ズィ プレイス イン

chinese character kanji.
チャイニーズキャラクター カンジ

➔漢字は日本の文字のひとつであることが世界的に周知されてきていますので、あえて伝えてみてもよいでしょう。

繊細なつくりなのでお気をつけください。

This product is fragile
ディス プロダクトゥ イズ フラジャイル

so be careful.
ソービーケアフォー

縁起物として飾るものです。

We use it as lucky charm
ウィユーズイット アズ ラッキーチャーム

decoration.
デコレィション

縁起物として飾るものです。

It is a decorative good luck charm.
イットイズ ア デコラティヴ グッドラック チャーム

着物の生地をリサイクルしたものです。

We recycled the fabric of the kimono.

ウィ リサイコゥド ズィファブリック オブズィキモノ

渋谷店限定の商品です。

This item is limited to the stores in Shibuya.

ディスアイテム イズ リミテッド トゥ ズィストーアーズ インシブヤ

渋谷店限定の商品です。（カジュアルに話しかける際）

You can get this item only in Shibuya.

ユーキャンゲット ディスアイテム オンリー インシブヤ

空港にもお店があります。

We have our store at the airport.

ウィハヴ アワストーア アット ズィ エアポート

ポーチとして使えます。

You can use as a pouch.

ユーキャン ユーズ アズ アポーチ

私たちはキーホルダーとして使います。

We use it as a key chain.

ウィ ユーズイットゥ アズ ア キーチェイン

日本のお土産

□ 置物	ornament	オーナメント
□ 縁起物	lucky charm	ラッキー チャーム
□ お守り	amulet	アミュレット
□ 工芸品	craft	クラフト
□ 民芸品	folk art	フォークアート
□ 陶器	pottery	ポタリー
□ 漆器	lacquer ware	ラカールウェア
□ 風鈴	wind chimes	ウィンド チャイムス
□ 箸	chopsticks	チョップスティック
□ 箸置き	chopstick rest	チョップスティックレスト
□ とっくり	sake bottle	サケ ボトゥ
□ おちょこ	sake cup	サケ カップ
□ 湯呑み	teacup	ティカップ
□ 折り紙	origami	オリガミ
□ だるま	daruma	ダルマ
□ 紙風船	paper balloons	ペーパー バルーン
□ こけし	wooden doll	ウッデン ドール
□ 万華鏡	kaleidoscope	カライドスコープ
□ おはじき	tiddly wink	ティドゥリーウィンク
□ おてだま	otetama	オテダマ
□ 手裏剣	shuriken	シュリケン
□ 日本刀	Japanese sword	ジャパニーズ ソード
□ 鎧	armor	アーマー
□ てぬぐい	Japanese towel	ジャパニーズ タオウ
□ 和紙	Japanese paper	ジャパニーズ ペーパー
□ 着物	kimono	キモノ
□ ゆかた	casual cotton kimono	カジュアルコットゥンキモノ
□ 帯	band	バンド
□ 足袋	Japanese socks with split toe	ジャパニーズ ソックス ウィズスプリットトゥ
□ 下駄	wooden clogs	ウッデン クロッグス
□ 草履	sandals	サンダルズ
□ 扇子	folding fan	フォルディングファン
□ うちわ	fan	ファン
□ 風呂敷	wrapping cloth	ラッピング クロス
□ 提灯	lantern	ランターン
□ キーホルダー	key chain	キー チェーン
□ 筆	brush	ブラッシュ
□ お香	incense	インセンス
□ おまんじゅう	bun	バン
□ おせんべい	rice cackers	ライス クラッカーズ
□ ようかん	yokan / sweet beans jelly	ヨーカン スウィートゥ ビーンズ ジェリー
□ 団子	rice seasoning	ライス スィーズニング
□ ふりかけ	sprinkle	スプリンクル
□ 将軍	general	ジェネラル
□ 江戸時代	edo period	エド ピアリアド
□ 浮世絵	Ukiyo-e	ウキヨエ

専門店別フレーズ

ドラッグストア

風邪薬はこちらです。（商品を見せながら）

Here are cold and
ヒアアー　コールドゥ　アンド

flu medicines.
フルーメディスンズ

5,000円以上のまとめ買いで免税になります。

If you spend
イフユースペンド

more than
モアザン

five thousand yen,
ファイヴサウザンドゥイエン

you'll get duty-free.
ユーゥゲット　ドューティフリー

どのような症状ですか？

How can we help you?
ハウ　キャンウィ　ヘルプユー

➔直訳だと、「どのようにお手伝いできますか?」になりますが、この状況では、どのような症状かを問う言葉として使えます。

咳に効く薬です。

This medicine is good for a sore throat.
ディスメディスン　イズ　グッドフォー　ア　ソア　スロートゥ

漢方薬は自然の原料からつくられた薬です。

The chinese medicine kampo are made by natural herb ingredients.
ズィチャイニーズ　メディスン　カンポウ　アー　メィドバイ　ナチュラゥ　ハーブ　イングリーディエンツ

薬にアレルギーはありますか？

Are you allergic to any medicine?
アーユー　アレジック　トゥ　エニィメディスン

今、飲んでいる薬はありますか？

Do you take any medication regularly?
ドゥユー　テイク　エニー　メディケイション　レギュラリィ

お大事にしてください。

Please take care of yourself.
プリーズ　テイクケア　オブ　ユアセルフ

こちらが人気の化粧品です。（商品を見せながら）

It is popular cosmetic products.
イットゥイズ　ポピュラー　コスメティック　プロダクツ

お土産用のコスメセットがあります。

We have cosmetic kit for souvenir.
ウィハヴ　コスメティクス　キットゥ　フォー　スーヴェニーアー

さっぱりタイプとしっとりタイプ２種類あります。

There are two kinds, one is for fresh and clean, one is for moisturizing.
ゼアラー　トゥカインズ　ワンイズフォー　フレッシュアンドクリーン　ワンイズフォー　モイスチャライズィング

ほかのブランドからも似ている商品が出ています。

There are similar products from other brand.
ゼアアー　スィミラープロダクツ　フロム　アザーブリャンド

サンプルをお使いになりますか。

Do you want to try the sample?
ドゥユーウォナ　トゥライズィサンポー

お試しサイズのセットがございます。

We have trial kits.
ウィハヴ　トライアルキッツ

ドラッグストア

□	風邪薬	cold medicine コールド　メディスン
□	痛み止め	painkiller ペインキラー
□	解熱剤	antipyretic アンティパイレティック
□	胃薬	stomach medicine ストマック　メディスン
□	目薬	eye drops アイ ドロップス
□	酔い止め	sickness drug スィックネスドゥラッグ
□	かゆみ止め	antipuritic アンティプリティック
□	消毒薬	disinfectant ディスィンフェクタントゥ
□	睡眠薬	sleeping tablets スリーピング タブレッツ
□	のど飴	throat lozenge スロート　ロゼンジ
□	マスク	mask マスク
□	湿布	poultice ポールティス
□	絆創膏	adhesive plaster アドヒーシブ プラースター
□	包帯	bandage バンドエイジ
□	ガーゼ	gauze ゴウズ
□	保湿剤	moisturizer モイスチュライザー
□	体温計	thermometer サーモミーター
□	処方箋	prescription プリスクリプション
□	熱	fever フィバー
□	胃痛	stomach ache ストマック　エイク
□	捻挫	sprain スプレーン
□	やけど	burn バーン
□	切り傷	cut カット
□	かゆみ	itch イッチ
□	乾燥	dry ドライ
□	便秘	constipation コンスチペイション
□	化粧水	lotion ローション
□	保湿クリーム	moisturizer モイスチュライザー
□	顔パック	face pack フェイス パック
□	メイク落とし	makeup remover メイクアップ　リムーバー
□	せっけん	soap ソープ
□	洗顔料	facial wash フェイシャルウォッシュ
□	シャンプー	shampoo シャンプー
□	トリートメント	treatment トリートメント
□	歯ブラシ	toothbrush トゥースブラッシュ
□	歯磨き粉	toothpaste トゥースペースト
□	デンタルフロス	dental floss デンタルフロース
□	マウスウォッシュ	mouthwash マウスウォッシュ
□	綿棒	swab スワォブ
□	口紅	lipstick リップスティック
□	リップグロス	lip gloss リップグロッス
□	ファンデーション	foundation ファンデイション
□	日焼け止めクリーム	sun cream サン　クリーム
□	化粧下地	makeup base メイクアップ　ベイス
□	コンシーラー	concealer コンスィーラー
□	眉書き	eyebrow pencil アイブロウ　ペンソー
□	アイライナー	eyeliner アイライナー
□	ビューラー	eyelash curler アイラッシュ カーラー

□ チーク blush ブラッシュ

□ アイシャドウ eye shadow アイ シャドウ

□ マスカラ mascara マスカーラー

□ マニキュア manicure マニキュア

□ メイク用品 makeup supplies メイキャップ サプライズ

□ ハンドクリーム hand cream ヒャンドクリーム

□ ヘアスプレー hair spray ヘアスプレー

□ ヘアワックス hair wax ヘアワックス

□ リップクリーム lip balm リップバーム

□ 香水 perfume パフューム

□ 入浴剤 bath salt バス ソルト

□ おむつ diaper ダイパー

□ おしりふき baby wipes ベイビー ワイプス

□ 粉ミルク formula フォーミュラ

□ ベビーフード baby food ベイビー フード

□ コンタクト用洗浄液 contact lens solution コンタクト レンズ ソリューション

□ 毛抜き tweezers トゥイーザーズ

□ 爪切り nail cutter ネイウ カッター

□ かみそり razor レイザー

□ 低刺激 hypoallergenic ハイポーアラジェニック

□ 無添加 additive-free アディティブ フリー

□ 除菌 sterilization ステアリゼイション

□ ノンアルコール non-alcoholic ノン アルコーリック

ワンポイント

薬についてお伝えする

調剤薬局に市販の薬を求めていらっしゃったり、処方箋がないと買えない薬を求めてこられるなどのトラブルがあります。お店の入口に下記 POP を貼っておくのもよいでしょう。
また、急いでいる時や体調の悪い時にたくさんの商品を探すのは大変なものです。わかりやすい商品案内 POP を掲示したり、「powder type」（粉末状）か「tablets」（錠剤）の区別をお伝えするのも心遣いです。
注意事項がある薬もありますから、下記のように注意事項の説明用紙を準備しておくのもよいでしょう。

Pharmacy

Prescription drugs only

POP：調剤薬局、処方箋が必要な薬のみ取り扱い

この薬を飲んだら運転はしない。

No driving after taking this medication.

食後に飲んでください。

Take this medicine AFTER eating.

注意事項の説明メモ

専門店別フレーズ

家電量販店

どちらのメーカーをお探しですか？

Which brand are you looking for?

ホィッチ　ブリャンド　アーユー　ルッキングフォー

海外でも使える仕様です。

It is design to be used abroad.

イットイズ　ディザイン　トゥビーユーズドゥ　アブロゥド

どのような家電をお探しですか？

What kind of electrical appliances are you looking for?
ホワットカインドオブ　エレクトリカル　アプライアンス　アーユー　ルッキングフォー

炊飯器を探しています。

I am looking for the rice cooker.
アイアム　ルッキングフォー　ズィライス　クッカー

どのような機能をお探しですか？

What kind of functions do you need?
ホワットカインドオブ　ファンクション　ドゥユー　ニード

サイズ別に並んでいます。

They are organized by size.
ゼイアー　オーガナイズドゥ　バイサイズ

海外でも使えますか？

Can I use it overseas?
キャナイ　ユーズイット　オーヴァースィーズ

変圧器を使えば海外でも使えます。

If you use a voltage converter, you can use it.
イフユー　ユーズ　ア　ボゥテージ　コンヴァーター　ユーキャン　ユーズイットゥ

1年間の保証つきです。

It has a warranty for one year.
イットハズ　ア　ウォレンティ　フォー　ワンイヤー

こちらは新商品です。

This is new product.
ディスイズ　ニュー　プロダクト

旧モデルなのでお安くなっています。

It is a good deal because it is old model.
イットイズ　ア　グッドディーゥ　ビコウズ　イットイズ　オールドモデゥ

こちらの商品のほうが効果が期待できます。

This product is better than the other one.
ディスプロダクト　イズ　ベター　ザン　ズィ　アザーワン

美容家電は今、人気の商品です。

Electric beauty appliances are popular now.
エレクトリックビューティアプライアンス　アー　ポピュラー　ナウ

スマフォの修理も承っております。

We also do smartphone repairs.
ウィオルソー　ドゥ　スマートフォン　リペアーズ

家電量販店

- □ 炊飯器 rice cooker ライス クッカー
- □ 電気ケトル electric kettle エレクトリック ケトル
- □ ドライヤー hairdryer ヘアドライヤー
- □ 美顔器 facial massager フェイシャルマッサージャー
- □ 電動歯ブラシ electric toothbrush エレクトリック トゥースブラッシュ
- □ 掃除機 vacuum cleaner バキューム クリーナ
- □ 冷蔵庫 refrigerator レフリジェレーター
- □ 電子レンジ microwave マイクロウェーブ
- □ 空気清浄機 air washer エアー ウォッシャー
- □ 加湿器 humidifier ヒューミディファイアー
- □ マッサージ器 massager マッサージャー
- □ 一眼レフカメラ single-lens reflex camera シングル レンズ リーフレックス キャメラ
- □ ビデオカメラ video camera ビデオ キャメラ
- □ 三脚 tripod トリポッノ
- □ スピーカー speaker スピーカー
- □ ヘッドフォン headphones ヘッドフォンズ
- □ パソコン computer コンピューター
- □ ノートパソコン laptop ラップトップ
- □ マウス mouse マウス
- □ プリンター printer プリンタ
- □ タブレット tablet タブレット
- □ 携帯電話 mobile phone モバイル フォーン
- □ スマートフォン smartphone スマートフォーン
- □ 充電ケーブル charging cable チャージング ケーブル
- □ 充電器 charger チャージャー
- □ メモリーカード memory card メモリー カード
- □ 電池 battery バッテリー
- □ 日本仕様 japanese specification ジャパニーズ スペスィフィケイション
- □ 海外使用 overseas use オーバースィーズ ユーズ
- □ 純正品 genuine product ジェニュイン プロダクト
- □ 変圧器 transformer トランスフォーマー
- □ 電圧 voltage ボルテイジ
- □ 多機能の multifunctional マルチファンクショナル
- □ 高機能の sophisticated ソフィスティケーティド
- □ 携帯できる portable ポータブル
- □ 省エネ energy saving エナジー セイビング
- □ 耐水 water resistant ウォーターレジスタント
- □ 防水 waterproof ウォータープルーフ
- □ 展示品 exhibit エグジビット
- □ 最新モデル latest model レイテスト モデル
- □ 旧モデル old model オールド モデル

専門店別フレーズ

書　店

英語の本はこちらになります。

These are the books in English.

ディーズアー　ズィブックス　インイングリッシュ

この本がテレビアニメの原作本です。

This book is original version of the cartoon.

ディスブック　イズ　オリジナル　ヴァージョン　オブズィ　カートゥーン

会話バリエーション

どのような本をお探しですか？

What kind of books are you looking for?
ホワット カインド オブブックス アーユー ルッキング フォー

ポケモンの本を探しています。

I am looking for book of POKEMON.
アイアム ルッキング フォー ブックオブ ホケモン

キャラクターブックはこちらです。

These are books of the characters.
ディーズアー ブックス オブズィ キャラクターズ

単語帳

書店

□ 小説	novel ノーベル	□ 美術	art アート
□ 写真集	photo album フォト アルバム	□ 自然	nature ネイチャー
□ 漫画	cartoon カトゥーン	□ 趣味	hobby ホッビー
□ レシピ本	recipe book レシピ ブック	□ 洋書	foreign books フォーリン ブックス
□ 雑誌	magazine マガジーン	□ 付録	appendix アペンディクス
□ 絵本	illustrated book イラストレイテッドゥ ブック	□ 原作	original オリジナル
□ 辞典	dictionary ディクショナリー	□ 著者	author オーサー
□ 図鑑	picture book ピクチャー ブック	□ 出版社	the publisher ザ パブリシャー

専門店別フレーズ

コンビニ

こちらの商品は温めますか？

Would you like us to warm it up?

ウッジュー　ライクアス　トゥ　ウォーム　イット　アップ

イートインコーナーをご利用ください。

Please use the eating space.

プリーズ　ユーズズィ　イーティングスペース

➔「イートインコーナー」は和製英語なので、このように伝えましょう。

会話バリエーション

袋はご入用ですか？

Do you need a bag?
ドゥ　ユー　ニード　アバッグ

トイレを貸してください。

Can I use bathroom?
キャナイ　ユーズ　バスルーム

はい。奥にありますのでどうぞ。

Sure, you will find it all the way in the back.
シューア　ユーウィウ　ファインドイットゥ　オールザウェイ　イン　ズィバック

成人年齢確認のために画面にタッチしてください。

Please touch the screen for confirming you are adult.
プリーズ　タッチ　ズィスクリーン　フォー　コンファーミング　ユーアー　アダルトゥ

単語帳

コンビニ

- □ お弁当　bento（ベントー）
- □ おにぎり　rice ball（ライス ボール）
- □ カップラーメン　cup noodles（カップ　ヌードル）
- □ おでん　fishcake stew（フィッシュケイク ステュー）
- □ 肉まん　meat bun（ミート　バン）
- □ 乾電池　dry cell（ドライ セル）
- □ 文房具　stationery（ステイショナリー）
- □ たばこ　cigarette（シガレット）
- □ コピー機　copy machine（コピー　マシーン）
- □ FAX 機　fax machine（ファックス マシーン）
- □ お湯　hot water（ホット ウォーター）
- □ 買い物かご　shopping basket（ショッピング バスケット）

専門店別フレーズ

アニメ・キャラクターショップ

英語版の漫画があります。

We have
ウィハヴ
Japanese cartoons
ジャパニーズカートゥーンズ
in English.
インイングリッシュ

こちらは原画です。

These are
ディーズアー
the original
ズィオリジナル
drawings.
ドゥロイングス

何の漫画をお探しですか？

Which cartoons are you looking for?
ホイッチ カートゥーンズ アーユー ルッキングフォー

「ワンピース」という
題名の本を探しています。

I am looking for books titled "One piece".
アイアムルッキングフォー ブックス タイトゥド ワンピース

原題はわかりますか？

Do you know the original title?
ドゥユーノウ ズィ オリジナル タイトゥ

何か画像をお持ちですか？

Do you have the picture of it?
ドゥユーハヴ ズィピクチャー オブイット

DVDとブルーレイがあります。

There are DVD and blue-lay.
ゼアラー ディーヴィディー アン ブルーレイ

ジブリコーナーはこちらです。

The Ghibli's section is here.
ズィ ジブリズ セクション イズ ヒーア

すみません。売り切れになりました。

We are sorry, it is sold out.
ウィアー ソーリー イットゥイズ ソールド アウト

入荷したばかりの新商品です。

It is a new product
イットイズア ニュー プロダクト
that has just arrived.
ザットハズジャストアライヴドゥ

この店の限定商品になります。

This item is limited to this store.
ディス アイテム イズ リミテッドゥ トゥ ディスストア

キャラクターカードもございます。

We also have character cards.
ウィ オルソー ハヴ キャラクター カーズ

同じ作家のアニメです。

This one is an animation by the
ディス ワンイズ アン アニメーション バイ ズィ
same animator.
セイムアニメーター

カナダでも放送されているようです。

Apparently, it is broadcasted
アパレントゥリィ イットゥイズ ブロードキャステッド
in Canada.
インカナダ

アニメ・キャラクターショップ

□ 原作	original	オリジナル
□ 小説	novel	ノベル
□ 漫画	cartoon	カトゥーン
□ 写真集	photo album	フォト　アルバム
□ イラスト集	illustrations	イラストレイションズ
□ 雑誌	magazine	マガジン
□ キャラクダーブック	character book	キャラクター　ブック
□ 同人誌	doujinshi	ドウジンシ
□ 映画版	movie version	ムービー　バージョン
□ 字幕	subtitles	サブタイトルズ
□ 吹き替え	dubbing	ダビング
□ 声優	voice actor	ボイス　アクター
□ サンドトラック	sand truck	サンド　トラック
□ 限定版	limited edition	リミテッド エディション
□ リマスター版	remastered version	リマスタード　バージョン
□ 特典映像	bonus video	ボーナス　ビデオ
□ リージョンコード	region code	リジョン　コード
□ キーホルダー	key ring	キー　リング
□ ストラップ	strap	ストラップ
□ クリアファイル	clear file	クリアー ファイル
□ タオル	towel	タオル
□ 缶バッチ	can batch	キャン　バッチ
□ ガチャポン	gachapon	ガチャポン
□ UFOキャッチャー	UFO catcher	ユーフォー キャッチャー
□ ぬいぐるみ	plush doll	プラッシュドール
□ フィギュア	figure	フィギュアー
□ 着ぐるみ	costume	コスチューム
□ 衣装	costume	コスチューム
□ 制服	uniform	ユニフォーム
□ テレビ放送	TV broadcast	ティービー　ブロードキャスト
□ 公開日	release date	リリース　デイト
□ シリーズ	series	シリーズ
□ 完結	completion	コンプリーション
□ 味方	ally	アライ
□ 敵	enemy	エネミー
□ 仲間	friend	フレンド
□ 主人公	main character	メイン　キャラクター
□ 脇役	supporting character	サポーティング　キャラクター
□ 冒険	adventure	アドベンチャー
□ 戦い	fight	ファイト
□ 勝利	victory	ビクトリー
□ 攻略	capture	キャプチャー

英語上達のヒント

「英語がうまくなるためにはどうしたらいいですか？」という質問をよくいただきます。その時の私の答えは、「留学するか、外国人の恋人をつくるのが早い！」と冗談も交えて伝えています。要するに、「聞く、そして使う機会をつくる」ということです。私自身、高校２年生でミシガン州の小さな街に留学した際、日本人はもちろんアジア人もまばらにしか居ない環境で、ホストファミリーの５人の子どもたちやクラスメイトと四苦八苦しながらもとにかくたくさん会話をしました。それがベースとなり、25年経った今でも、「相手とコミュニケーションをする」という視点では困ったことはありません。

そして、もうひとつの提案は、「音として耳で捉え、それを真似る」ということです。要するに、聞いた音を単純に真似るのです。この方法はリスニングもスピーキングも早く身につきます。特に接客する際には、とっさの対応が求められますから、文法やスペルを学ぶことは後まわしにして、音を真似ることが即戦力になるでしょう。

そして、日本人が得意な「心を察する力」。これが、一番の味方になります。言葉を聞き取れず焦った時ほど、相手の行動や置かれている状況、表情をしっかり読み取ってください。そうして勇気を持って、「〇〇をご希望ですか？」と尋ねることで、相手の求めていることに応えていけるでしょう。

しっかり観察すれば、心を察することができる。そう信じて、日本のおもてなし精神を魅せてさしあげましょう。

Part

宿泊施設

チェックイン

予約の確認

**いらっしゃいませ、ようこそ。
チェックインでございますか？**

Hi, how may I help you?
ハイ ハウ メイアイ ヘルプユー

Are you checking in?
アーユー チェッキング イン

チェックインの時間帯にフロントへお越しのお客様や、スーツケースを持っている方には、こちらからお声かけをしましょう。

また、予約した際の申込メールを印刷した紙やスマートフォンの画面でその内容をお持ちの様子なら、そちらを見せていただくほうが円滑なやり取りができるでしょう。

会話バリエーション

チェックインをお願いします。

Check in please.
チェックイン　プリーズ

ありがとうございます。お名前をいただけますか？

Thank you. May I have your name please?
センキュー　メイアイ　ハヴ　ユア　ネイム　プリーズ

はい。お名前をお聞かせください。

OK, may I ask your name please?
オーケイ　メイアイ　アスクユア　ネイム　プリーズ

予約票を見せてください。

May I see your confirmation slip?
メイアイ　スィー　ユア　コンファメーション　スリップ

予約票を見せてください。

Could you show me your hotel voucher.
クッジュー　ショウミー　ユア　ホテル　ヴァウチャー

ご予約のお名前はなんですか？
（予約者名と宿泊者名が違う場合）

Under what name was the reservation made?
アンダー　ホワット　ネイム　ワズ　ズィ　リザベーション　メイド

パスポートか ID をお見せいただけますか？
（お名前が複雑であったり、聞き取れなかった場合）

May I see your passport or ID please?
メイ アイ スィ ユア パスポート オア アイディ プリーズ

➔海外のホテルだと、外国籍の方にはほとんど求められているので失礼にはあたりません。

スペルをお聞きしてもよいですか？

Could you spell that for me?
クッジュー スペル ザットゥ フォーミー

本日からダブルルームを 2 泊で、
ご予約をいただいております。

You reserved a double room for two nights, right?
ユーリザーヴドゥ ア ダボールーム フォー トゥナイツ ライッ

朝食は宿泊料に含まれています。

The breakfast is included during your stay.
ズィ ブレイクファスト イズ インクルーデッド デュアリング ユア ステイ

お会計は済んでおります。

The payment has already been made.
ズィ ペイメント ハス オーウレディ ビーン メイドゥ

お会計は前払いになります。

The fee must be prepaid.
ズィ　フィー　マストビー　プリペイド

お会計はお帰りの際になります。

You can pay when you leave.
ユー　キャン　ペイ　ホェン　ユーリーヴ

クレジットカードをお預かりしてもよいですか？
（チェックイン時にクレジットカードのコピーをいただく場合）

May I make a copy of your credit card?
メイアイ　メイカ　コピー　オブ　ユア　クレディットカード

ご登録いただいたクレジットカードで決済いたします。

We will charge the fee on the credit card we have on file.
ウィウィウ　チャージ　ズィ　フィー　オン　ズィ　クレディット　カード　ウィハヴ　オン　ファイゥ

現金でもお支払いいただけます。

You also can pay in cash.
ユー　オルソー　キャン　ペイ　イン　キャッシュ

こちらが金額になります。（領収書の用紙を見せながら）

This is the total.
ディズ　イズ　ズィ　トータゥ

チェックイン

受付

こちらの用紙に記入をお願いします。

Could you fill out in this form?

クッジュー フィルアウト イン ディス フォーム

インターネットでホテルの予約をされる場合がほとんどですが、まれに直接現地で申し込みをされる時もあります。

一番間違いがないのは、英語サイトの用意があればネットからの予約へ誘導することです。

それでも直接予約されたいご様子の場合は、予約記入表をご用意し、記入いただいたあと、お部屋の確保ができる場合はその用紙に宿泊費を書き込むなど、明確に伝えて確認いたしましょう。

会話バリエーション

ホームページからの予約が、とてもお得です。私たちのホームページアドレスをお知らせしましょうか？

It's much cheaper when you reserve through our website. Do you need the URL?
イッツ マッチー チーパー ホェン ユー リザーヴ スルー アワーウェブサイト ドゥ ユー ニード ズィ ユーアーゥエゥ

何名様ですか？

For how many people?
フォー ハウメニー ピーポー

何日から何泊ですか？

How many nights and from what day?
ハウメニー ナイツ アン フロム ホワットデイ

お子様はおいくつですか？（1人の場合）

How old is your kid?
ハウオールド イズ ユアキッド

お子様はおいくつですか？（2人以上の場合）

How old are your kids?
ハウオールド アー ユアキッズ

ベッドはいくつご希望ですか？

How many beds do you want?
ハウメニー ベッズ ドゥユー ウォント

チェックイン

空き状況の確認

部屋の空き状況を
お調べいたします。

Let me check
レッミーチェック
what we have
ホワットウィハヴ
available.
アヴェイラボー

ご希望の部屋を当日のご予約では用意できない場合もあります。その場合、もしお困りのようでしたら、グループホテルをご紹介したり、地元の観光案内所や近隣のホテルをご案内いたしましょう。

その場合、近隣の案内地図や予約サイトの URL を記載したツールを準備しておくと、お客様にも親切ですし、こちらも便利です。

会話バリエーション

部屋があるかどうか確かめます。

Le me check if there is a room for you.
レッミーチェック　イフ　ゼアイズ　ア　ルーム　フォーユー

お部屋をご用意できます。

We have a room available.
ウィ　ハヴァ　ルーム　アヴェイラボー

どちらのタイプの部屋がご希望ですか？

What kind of room would you like?
ホワット　カインド　オブ　ルーム　ウッジュー　ライク

このままチェックインされますか？

Would you like to check in now?
ウッジュー　ライク　トゥ　チェック　イン　ナウ

チェックインの時間は15時です。

The check-in time is after 3:00 pm.
ズィ　チェッキン　タイム　イズ　アフター　スリーピーエム

荷物はお預かりできます。

We can take care of your luggage for you.
ウィ　キャン　テイク　ケア　オブ　ユア　ラゲッジ　フォーユー

何時頃到着されますか？（お電話の場合）

What time will you arrive?
ホワッ　タイム　ウィウユー　アラーイヴ

申し訳ございません。現在空きの部屋がありません。

We are sorry, no rooms are
ウィア　ソーリー　ノー　ルームズ　アー

available at the moment.
アヴェイラボー　アットズィ　モーメント

近くに同じグループのホテルがございます。

We have another hotel near here.
ウィ　ハヴ　アナザーホテゥ　ニア　ヒーア

電話で問い合わせますので、少々お待ちください。

Let me call to ask if they have
レッミー　コール　トゥ　アスク　イフ　ゼイ　ハヴ

rooms available, please wait.
ルームス　アヴェイラボー　プリーズ　ウェイト

空いているそうです。

They have a room for you.
ゼイハヴア　ルームフォーユー

お部屋を押さえました。
行き方のご案内が必要ですか？

We reserved a room for you.
ウィリザーヴドゥ　ア　ルーム　フォーユー

Do you need direction?
ドゥ　ユー　ニード　ディレクション

ここからの地図です。

This is a map from here.
ディスイズア　マップ　フロムヒーア

駅前の観光案内所でホテルを探してくれます。

There is a tourist center in front of the station. They can help you to find the hotel.

ゼア イズ ア トゥリストセンター イン フロント オブ ズィ ステーション ゼイ キャン ヘルプ ユー トゥ ファインドゥ ズィ ホテーゥ

単語帳

ホテル予約時関連

- □ 1泊 one night（ワンナイッ）
- □ 2泊 two nights（トゥナイツ）
- □ 3泊4日 3 nights, 4days（スリーナイツ フォーディズ）
- □ チェックイン時間 check in time（チェッキンタイム）
- □ 朝食あり breakfast included（ブレィクファストインクルーデッドゥ）
- □ 2食付き dinner and breakfast included（ディナー アンブレィクファスト インクルーデッドゥ）
- □ 食事なし without meals（ウィズアウトミールズ）
- □ 和室 Japanese-style room（ジャパニーズスタイゥ ルーム）
- □ 洋室 western-style room（ウェスタンスタイゥ ルーム）
- □ シングル single room（スィンゴールーム）
- □ ダブル double room（ダブゥルーム）
- □ ツインルーム twin room（トゥインルーム）
- □ スイート suite（スィート）
- □ 禁煙室 non-smoking room（ノンスモーキンルーム）
- □ 喫煙室 smoking room（スモーキンルーム）
- □ 本館 main building（メインビゥディング）
- □ 別館 annex（アネックス）
- □ 温泉旅館 hot-spring inn（ホットスプリングイン）
- □ 温泉旅館 hot-spring hotel（ホットスプリング ホテゥ）
- □ ビジネスホテル budget hotel（バジェットホテゥ）
- □ ビジネスホテル bed&breakfast（ベッドアンブレックファスト） (B&B)（ビーアンビー）

チェックイン

部屋へのご案内

お部屋は1002号です。
10階にあります。

Your room number is 1002, on the 10th floor.
ユアルームナンバー イズ ワン オー オー トゥ オン ズィ テンス フローア

部屋を間違わないように、部屋番号が記入されたルームナンバーを指さし確認しながらお伝えしましょう。
言葉だけで、聞き取れない場合には、視覚情報がフォローしてくれます。

こちらが部屋の鍵になります。

This is your room key.
ディスィズ　ユアルームキー

部屋の扉にかざしてください。

Please place the card in front of the device to open the door.
プリーズ　プレイス　ズィ　カード　イン　フロント　オブ　ズィ　ディバイス　トゥオープン　ズィドーア

部屋に入ったら、扉の横にあるスイッチに差し込むと部屋の電源が入ります。

When you arrive at your room, put your card in the card holder next to the door. It will turn the power on.
ホェン　ユー　アライヴ　アットゥ　ユアルーム　プットユアカード　イン　ズィ　カードホゥダー　ネクスト　トゥ　ズィドーア　イットゥ　ウィウ　ターン　ズィ　パリーオン

右側のエレベーターから10階へお上がりください。

The elevator to go to the 10th floor is over there on the right.
ズィ　エレヴェイター　トゥ　ゴートゥ　ズィ　テンス　フローア　イズ　オーヴァーゼーア　オン　ズィ　ライト

こちらが私たちのWi-Fi情報です。
(パスワードなどを記載している紙を渡して)

Here is our wi-fi information.
ヒアイズアワ　ワイファイ　インフォメーション

チェックイン

朝食の確認

朝食は含まれております。

Breakfast is included.

ブレイクファスト イズ インクルーデッド

朝食の時間は7時から9時半です。

The breakfast is available from 7:00 am to 9:30 am.

ズィ ブレイクファスト イズ アヴェイラボー フロム セヴンエーエム トゥ ナインサーティエーエム

朝食は１階のレストランにお越しください。

Breakfast will be served at the restaurant on the 1st floor.
ブレィクファスト　ウィウビー　サーヴドゥ　アット　ズィ　レストラント　オンズィ　ファースト　フローア

朝食は１階のレストランにお越しください。

Go to the restaurant on the 1st floor for breakfast.
ゴー　トゥ　ズィ　レストラント　オン　ズィ　ファースト　フローア　フォー　ブレィクファスト

ビュッフェ形式の朝食です。

It is a buffet-style breakfast.
イットゥイズ ア　バフェィスタイゥ　ブレィクファスト

➔食べ放題を表わす時、「バイキング」という言葉は英語表現としては使いません。

洋食と和食が選べます。

You can either choose the western or the Japanese style breakfast.
ユー　キャン　イーザー　チューズ　ズィ　ウェスタン　オア　ズィ　ジャパニーズスタイゥ　ブレィクファスト

アレルギーがございましたら、朝食時に係にお伝えください。

If you have food allergies, please tell the waiter at the restaurant.
イフ　ユー　ハヴ　フードアレジーズ　プリーズ　テゥ　ズィ　ウェイター　アット　ズィ　レストラン

チェックイン

大浴場へのご案内

大浴場は 2 階になります。

Big public bath located on the 2nd floor.

ビッグ パブリック バス ロケイテッド オン ズィ セカンド フローア

お風呂には部屋のタオルを持って行ってください。

Please bring a towel from your room when you go take a bath.

プリーズ ブリング ア タオル フロム ユア ルーム ホェン ユー ゴー ティクアバス

男湯と女湯で階が違います。

Public baths for men and women
パブリック バス フォー メン アンドゥ ウーマン

are separated on each floor.
アー セパレィテッドゥ オン イーチ フローア

家族風呂は 1 階です。

The group-use-bath is on the
ズィ グループユースバス イズ オンズィ

1st floor.
ファーストフロア

➔家族風呂を「family bath」と言ってしまうと、従業員用のお風呂と勘違いされてしまう場合もあります。

部屋には貴重品用のロッカーがあります。

There is a safety box in your room.
ゼア イズ ア セイフティボックス イン ユア ルーム

お風呂は 15 時から 24 時まで入れます。

You can take a bath from 3:00 pm
ユー キャン テイク ア バス フロム スリーピーエム

until midnight.
アンティゥ ミッドナイゥ

売店は 20 時まで営業しています。

The souvenir shop stays open
ズィ スーヴェニーアショップ スティズ オープン

until 8:00 pm.
アンティゥ エイトピーエム

チェックイン

さまざまなお客様対応

ごゆっくりお過ごしください。

Please enjoy your stay.

プリーズ　エンジョイ　ユア　ステイ

目的地であるホテルにたどり着き、チェックインをして「やっとゆっくり過ごせる」というお気持ちのはずです。

あまりたくさんの情報を矢継ぎ早にお伝えするのではなく、必要な情報をコンパクトに伝え、あとはメモや案内ツールでゆっくりご確認いただくのもよいかと思います。

落ち着かれた時に、確認しておきたいことを思い出すかもしれません。「お気軽にお聞きください」というスタンスをお忘れなく。

会話バリエーション

何か必要でしたら、いつでもおっしゃってください。

If you need anything, please let us know.

イフ ユー ニード エニスィング プリーズ レット アス ノウ

荷物はこれで全部ですか？

Is this all your luggage?

イズ ディス オーゥ ユア ラゲッジ

I'd like a wake-up call for tomorrow.

アイドゥ ライク ア ウェイクアップコール フォー トゥモーロゥ

➔「モーニングコール」とは表現しません。

かしこまりました。何時にいたしますか？

Sure, what time would you like us to call you?

シューア ホワッタイム ウッジュー ライク アス トゥコールユー

お茶とお菓子は無料です。

These are complimentary treats and tea.

ディーズ アー コンプリメンタリー トゥリーツ アンド ティー

お茶とお菓子は無料です。

Tea and snacks are free.

ティー アンド スナックス アー フリー

冷蔵庫の中は有料になります。

There is a charge for items consumed in the fridge.

ゼアイズ ア チャージ フォー アイテムス コンシュームドゥ イン ズィフリッジ

冷蔵庫の中は有料になります。

The foods and drinks in the refrigerator are not complimentary.

ズィ フーズ アンド ドリンクス インズィ リフリッジレィター アー ノット コンプリメンタリー

お布団はお食事中に係の者が敷きます。

We will prepare your bed while you have dinner.

ウィ ウィウ プリペア ユア ベッド ホワイゥ ユー ハヴディナー

外出の際はフロントに鍵を預けてください。

Please leave the room key at the front desk when you go out.

プリーズ リーヴ ズィ ルームキー アット ズィフロントデスク ホェン ユー ゴー アウトゥ

傘を貸し出しております。

There are umbrellas you can use.

ゼアラー アンブレーラーズ ユーキャンユーズ

➔「rent」や「rental」を使うと有料のニュアンスになります。

ご気分が悪いですか？

Do you feel sick?

ドゥ ユー フィール スィック

ご気分が悪いですか？

Are you felling ill?
アー　ユー　フィーリング　イゥ

めまいがして歩けません。

I feel dizzy and I have a hard time walking.
アイ　フィーウ　ディズィ　アンド　アイ　ハヴ　ア
ハードタイム　ウォーキン

立てますか？

Can you stand up?
キャン　ユー　スタンダップ

こちらにお座りください。

Please have a seat here.
プリーズ　ハヴァ　スィート　ヒーア

こちらにお座りください。

Please sit down here.
プリーズ　スィット　ダウン　ヒーア

こちらに横になってください。

Lie down here, please.
ライ　ダウン　ヒア　プリーズ

救急車をお呼びしますか？

Do you need an ambulance?
ドゥ　ユー　ニードゥ　アン　アンビュランス

単語帳

ホテルの備品など

- □ 部屋番号 room number ルームナンバー
- □ ベッド bed ベッドゥ
- □ クローゼット closet クローゼットゥ
- □ テレビ tv / television ティーヴィー テレヴィジョン
- □ エアコン(冷房) air-conditioning エアコンディショニング
- □ ヒーター(暖房) heating ヒーティング
- □ ワイファイ wi-fi ワイファイ
- □ ゆかた yukata / casual cotton kimono ユカタ カジュアルコットゥンキモノ
- □ 鍵つき貴重品箱 security box セキュリティボックス
- □ 肘掛けつき椅子 armchair アームチェア
- □ 毛布 blanket ブランケットゥ
- □ バスローブ robe ローブ
- □ ドライヤー hair dryer ヘアドゥライヤー
- □ 洗面台 sink スィンク
- □ コーヒーメーカー coffee machine コーヒーマスィーン
- □ 浴槽 bathtub バスタブ
- □ コンセント plug プラグ
- □ 明かり lights ライツ
- □ 電球 light bulb ライトバゥブ
- □ 電話 telephone テレフォン
- □ 冷蔵庫 refrigerator リフリッジレィター
- □ トイレットペーパー toilet paper トイレットペーパー
- □ シャワー shower シャワー
- □ タオル towel タオゥ
- □ シャンプー shampoo シャンプー
- □ 石鹸 soap ソープ
- □ 電子レンジ microwave マイクロウェイブ
- □ ゴミ箱 garbage can ガーベッジキャン
- □ ゴミ箱 trash box トゥラッシュボックス

ホテルの場所

- □ フロント reception desk レセプション デスク
- □ 売店 giftshop / kiosk ギフトショップ キオスク
- □ 大浴場 large public bath ラージ パブリック バス
- □ 露天風呂 open air bath / outdoor bath オープンエアバス アウトドアバス
- □ カラオケルーム karaoke lounge カラオケ ラウンジ
- □ エステサロン beauty salon ビューティサロン
- □ プール pool プール
- □ 最上階 top floor トップフロア
- □ 地下階 basement ベイスメント
- □ 玄関 front door entrance フロントドア エントランス
- □ カフェ coffee shop コーフィーショップ
- □ バー bar バー
- □ レストラン restaurant レストラン
- □ スポーツバー sports bar スポーツバー
- □ シガーバー cigar bar スィガーバー

□ ジム	gym ジム	□ フラワーショップ	florist フローリスト
□ テニスコート	tennis court テニスコート	□ コインランドリー	self laundry セルフランドゥリー
□ サウナ	sauna サウナ	□ 宴会場	banquet room バンケットルーム
□ 美容室	hair salon ヘアサロン	□ 祈禱室	pray room プレイルーム
□ 理容室	barber バーバー	□ 駐車場	car parking カーパーキング
□ ネイルサロン	nail salon ネイゥサロン	□ ビジネスセンター	business center ビズィネスセンター

病気・けが

□ 頭痛	headache ヘッディク	□ 痛み	pain ペイン
□ 腹痛	stomachache ストマックエィク	□ 咳	cough コフ
□ 腰痛	backache バックエイク	□ 寒気	chilly チリィ
□ 歯痛	toothache トゥースエイク	□ 下痢	diarrhea ダイアリーア
□ 虫歯	cavity キャビティ	□ 湿疹	rashes ラッシュズ
□ 風邪	cold コールドゥ	□ 熱	fever フィーバー
□ 吐き気	nauseous ノーシャス	□ ぜんそく	asthma アズマ
□ のどの痛み	sore throat ソアスロゥト	□ 高血圧	high blood pressure ハイ ブラッドゥプレッシャー
□ めまい	dizzy ディズィ		

身体の部分

□ 頭	head ヘッドゥ	□ 鼻	nose ノーズ
□ おでこ	forehead フォアヘッドゥ	□ 手のひら	palm パゥム
□ 耳	ear イアー	□ 腕	arm アーム
□ 口	mouth マウス	□ 首	neck ネック
□ 舌	tongue タング	□ 心臓	heart ハートゥ
□ 目	eye アイ	□ 肺	lung ラング
□ まぶた	eyelid アイリッドゥ	□ 腸	colon コロン

周辺案内

地域情報をお伝えする

駅まではここから
歩いて 5 分です。

It is a five minute
イットイズ ア ファイヴ ミニットゥ

walk to the station.
ウォーク トゥ ズィ ステイション

ホテル周辺の地図があります。

This map shows
ディス マップ ショウズ

around the hotel.
アラウンドゥ ズィ ホテーゥ

会話バリエーション

この近くに駅はありますか？

Are there any stations around?
アーゼア エニィ ステイションズ アラウンドゥ

はい。JR神田駅が一番近い駅です。

Yes, JR Kanda station is the nearest station.
イエス ジェイアーゥ カンダステイション イズズィ ニアレストゥ ステイション

こちらがホテル周辺の地図です。

Here is a map showing around the hotel.
ヒアイズ ア マップ ショウイング アラウンドゥ ズィホテーウ

電車とバス、両方で行けます。

You can either take the train or the bus.
ユーキャン イーザー テイク ズィトレイン オア ズィバス

バスは本数が少ないです。

The bus doesn't come often.
ズィバス ダズントゥ カム オーフン

バスは本数が少ないです。

There are not many buses on this route.
ゼアラー ノットゥ メニー バスィズ オン ディスルートゥ

この辺りでおいしいレストランはありますか？

Do you know
ドゥユーノウ

a good restaurants
アグッドレストランツ

around here?
アラウンドヒーア

この辺りのおすすめのレストランを教えてくれますか？

Could you recommend a good
クッジュー リコメンド ア グット

restaurant around here?
レストラントゥ アラウンド ヒーア

人気の和食屋さんがあります。

There is a famous Japanese
ゼアイズア フェイマス ジャパニーズ

restaurant.
レストラン

人気の和食屋さんがあります。

There is a well-known Japanese
ゼアイズア ウェウノウン ジャパニーズ

restaurant.
レストラン

海が近いので新鮮な寿司店があります。

There are excellent sushi restaurants located close to the sea.

ゼアラー　エクセレント　スシ　レストランツ　ロケイテッド　クロース　トゥ　ズィスィー

時間が遅いので、駅前まで行かないと飲食店はありません。

Because it's late, restaurants are not open unless you go near by the station.

ビコウズ　イッツレィト　レストランツ　アー　ノット　オープン　アンレス　ユーゴー　ニアバイ　ズィステイション

ラーメン店なら遅くまで開いています。

There is a ramen shop open late.

ゼアイズ　ア　ラーメンショップ　オープン　レィト

一番近いコンビニエンスストアは、大通り沿いにあります。

The nearest convenience store is on the big street.

ズィニアレスト　コンヴィニエンス　ストーア　イズ　オンズィ　ビッグ　ストゥリートゥ

Part 4 宿泊施設

地域情報をお伝えする

周辺案内

乗り物・観光案内

千代田美術館へは
バスが便利です。

Taking the bus is the easiest way to Chiyoda art museum.

テイキン ズィ バス イズ ズィ イーズィエスト ウェイ トゥ チヨダアートミューズィアム

簡単な方法として、タクシーをご案内することが多い場合でも、地元の人と同じような経験をしたいという思いの旅行者もいます。そのために、公共交通機関での行き方や、おすすめのルートなどを事前にまとめておくのがよいでしょう。

会話バリエーション

千代田美術館へはどうやって
行ったらいいですか？

How can I get to Chiyoda art museum?
ハウ キャナイ ゲットトゥ チヨダアートミューズィアム

このあたりでおすすめの
観光スポットはありますか？

Are there recommended sightseeing spots around?
アー ゼア リコメンデッド サイトスィーング スポッツ アラウンドゥ

観光地図のパンフレットがあります。

There are map brochures.
ゼア ラー マップ ブロウシャーズ

英語版の地図もございます。

There is a map in English too.
ゼア イズ ア マップ イン イングリッシュ トゥ

駅に観光案内所があります。

There is an information center at the station.
ゼア イズ アン インフォメーション センター アット ズィ ステイション

観光ルートをまわるバスがあります。

There is a sightseeing bus tour.
ゼア イズ ア サイトスィーング バス トゥアー

バスの時刻表です。

This is the timetable for the bus.
ディス イズ ズィ タイムテーボー フォー ズィ バス

半日観光バスがあります。

There is an half-day tour bus.
ゼア イズ アン ハーフデイ トゥアーバス

観光案内所で申し込めます。

You can join the tour from the information center.
ユー キャン ジョイン ズィ トゥアー フロム ズィ インフォメーション センター

観光客用の乗り降り自由なルートバスがあります。

There is bus hopping for tourists.
ゼア イズ バス ホッピン フォー トゥアリスツ

乗り降り自由の１日乗車券が使えます。

If you buy one day ticket, you can get on and off freely.
イフ ユー バイ ワンデイティケッ ユー キャン ゲットオン アンド オフ フリーリィ

フロントでチケットを販売しております。

We sell tickets at the reception desk.
ウィ セル ティケッツ アット ズィ レセプションデスク

バスで直接チケットが買えます。

You can buy tickets on the bus.
ユー キャン バイ ティケッツ オン ズィ バス

単語帳

観光名所

□ 神社	shrine	シュライン
□ お寺	temple	テンポー
□ 美術館	art museam	アートミューズィアム
□ 博物館	museam	ミューズィアム
□ 動物園	zoo	ズー
□ 水族館	aquarium	アクアーリウム
□ 植物園	botanical garden	ボタニカゥガーデン
□ 公園	park	パーク
□ 大学	university	ユニバーシティ
□ ショッピングモール	shopping mall	ショッピング　モーウ
□ 観光船	sightseeing boats	サイトスィーングボート
□ 観光バス	sightseeing bus	サイトスィーングバス
□ 城	castle	キャッソー
□ 古墳	tumulus	トゥミュラス
□ 遺跡	historical spot	ヒストリカゥスポットゥ
□ 温泉街	hot spring resorts	ホットスプリングリゾートゥ
□ 湯治	hot spring cure	ホットスプリングキュア
□ 宿場町	post town	ポストタウン
□ 城下町	castle town	キャッソータウン
□ 展望台	observatory	オブザーヴァトリー
□ 教会	church	チャーチ
□ 劇場	theater	スィアター
□ スタジアム	stadium	ステイディアム
□ 人力車	rickshaw	リックシャ
□ 屋形船	houseboat	ハウスボート
□ 花火大会	fireworks festival	ファイアーワークスフェスティヴァゥ
□ お祭り	festival	フェスティヴァゥ

道案内

□ 角	corner	コーナー
□ 交差点	cross road	クロスロード
□ 横断歩道	crossing	クロッスィング
□ 歩道橋	footbridge	フットブリッジ
□ 看板	sign	サイン
□ 階段	stairs	ステアーズ
□ 信号	traffic light	トラフィックライト
□ 地下道	underpass	アンダーパス
□ 駅	station	ステイション
□ 地下鉄	subway	サブウェイ
□ バスの停留所	bus stop	バスストップ
□ 大通り	main street avenue	メインストゥリートアヴェニュー
□ 建物	building	ビゥディング
□ 突き当り	end	エンドゥ
□ 行き止まり	dead end	デッドエンドゥ
□ ブロック（街区の辺）	block	ブロック

チェックアウト

両　替

フロントで両替ができます。

You can exchange
ユーキャン　エクスチェンジ
your money at the
ユアマニー　アット　ズィ
reception desk.
レセプションデスク

申し訳ございません。
両替はしておりません。

We are sorry but we don't
ウィアソーリー　バッ　ウィドント
exchange money.
エクスチェンジ　マニー

会話バリエーション

両替をお願いします。

Can I exchange money please?
キャンアイ エクスチェンジ マニー プリーズ

ドルを日本円に替えてもらえますか？

Could you change my dollars to Yen?
クッジュー チェンジ マイ ダラーズ トゥ イェン

はい。できます。

Sure, we can.
シュア ウィキャン

銀行で両替ができます。

You can exchange money at the bank.
ユーキャン エクスチェンジ マニー アット ズィバンク

ドルなら両替ができます。

Dollars are available to exchange.
ダラーズ アー アヴェイラボー トゥエクスチェンジ

パスポートをご確認いたします。

Let me check your passport.
レッミー チェック ユアパスポート

おいくら両替いたしますか？

How much do you want to exchange?
ハウマッチ ドゥ ユー ウォナ エクスチェンジ

➔お金のトラブルは特に避けたいので、申込フォーム等をしっかりつくっておくことをおすすめします。

本日のレートはこちらです。

This is today's rate.
ディスィズ トゥデイズ レイト

15,000 円に両替できます。

It will be fifteen thousand yen.
イットウィウビー フィフティーン サウザンド イェン

こちらが 1 万円札。こちらが 1,000 円札です。

This is a ten thousand yen bill.
ディスイズア テン サウザンド イェン ビゥ

This one is a thousand yen bill.
ディスワン イズ ア サウザンド イェン ビゥ

金額をご確認ください。

Check your bill please.
チェック ユア ビル プリーズ

こちらにサインをお願いします。

May I have your signature please?
メイアイハヴ スィグネチャー プリーズ

単語帳

両替

□ お札	bill ビゥ	□ 手数料	commission コミッション
□ 硬貨	coin コイン	□ 両替所	money exchange counter マニー　エクスチェンジ　カウンター
□ 為替レート	(exchange)rate (エクスチェンジ)レイト	□ ATM	ATM エーティーエム
□ くずす	change / break チェンジ　ブレイク	□ 銀行	bank バンク
□ おつり	change チェンジ	□ 領収書	receipt レスィトゥ
□ 少額紙幣	small bill スモーゥ ビゥ	□ 現地通貨	local currency ローカゥ カレンスィー

Part 4 宿泊施設

両替

ワンポイント

両替時のフレーズ

大きな金額のお札（100 ドル札や 50 ドル札）が店頭で使えない文化を持つ国もありますので、1 万円札ではなく 1,000 円札や小銭をご希望される場合があります。
例えば、下記のようなリクエストがあるでしょう。

「1,000 円札でお願いします」
「In thousand yen bills, please.」
イン　サウザンド　イェンビゥズ　プリーズ

「1 万円札を 10 枚、1,000 円札を 20 枚、残りを硬貨でお願いします」
「Ten thousand yen bills, twenty thousand yen bills and the rest in coins, please.」
テンサウザンドイェンビゥズ　トゥエンティ　サウザンドイェン　ビゥズ　アンズィ　レストインコインズ　プリーズ

「この 1 万円札をくずしていただけますか ?」
「Could you break this ten thousand yen bill?」
クッジューブレイクディス　テンサウザンドイェン　ビゥ

やり取りの際は、必ず間違いのないように、実際にお札やコインを見せながらお渡しいたしましょう。

チェックアウト

精　算

おはようございます。
チェックアウトですか？

Good morning.
グッモーニン

Checking out?
チェッキング　アウトゥ

お部屋は何号室ですか。

What is your
ホワット　イズ　ユア

room number?
ルーム　ナンバー

チェックアウトの時間は 11 時です。

The checking out is at 11:00 am.
ズィ チェッキング アウトゥ イズ アット イレヴンエイエム

お部屋の鍵をお戻しいただけますか？

May I have your room key back please?
メイ アイ ハヴ ユア ルーム キー バック プリーズ

ジョン・スミス様ですね。精算いたします。

Mr. John Smith, I will get your bill ready.
ミスター ジョンスミス アイ ウィウ ゲッチュア ビゥ レディ

お支払いはカードですか？

Would you like to pay by credit card?
ウッジュー ライク トゥ ペイ バイ クレディット カード

ご使用できるクレジットの種類はこちらです。
（マークを見せながら）

You can use these credit cards.
ユー キャン ユーズ ディーズ クレディット カーズ

宿泊料とお食事代の合計で 35,000 円になります。

The total is thirty five thousand yen for your stay and meals.
ズィ トータゥイズ サーティファイヴ サウザンド イェン フォー ユア スティ アンドミールズ

この追加の600円は何ですか？

What is the extra
ホワット　イズ　ズィ　エクストラ
six hundred yen for?
スィックスハンドレッドイェン　フォー

そちらはお客様がお部屋からおかけになった
国際電話の料金でございます。

That's for the international
ザッツ　フォー　ズィ　インターナショナル
phone call that were made from
フォンコール　ザッワー　メィド　フロム
your room.
ユア　ルーム

プールの使用料を追加しております。

That's the fee for using the pool.
ザッツ　ズィ　フィー　フォー　ユーズィング　ズィ　プーゥ

ミニバーから何かご利用されましたか？

Did you take anything from the
ディッジュー　ティク　エニスィング　フロム　ズィ
mini-bar?
ミニバー

ビールを2本飲みました。

Yes. I had a two cans of beer.
イェス　アイ　ハダ　トゥ　キャンズ　オブ　ビーア

ありがとうございます。
料金を追加させていただきます。

Thank you, we will add it to your room bill.

サンキュー　ウィ　ウィウ　オッド イットゥ トゥ　ユア　ルーム　ビゥ

こちらにサインをお願いします。

May I have your signature please?

メイ　アイ　ハヴ　ユア　スィグネチャー　プリーズ

こちらが領収書です。

Here is your receipt.

ディス　ィズ　ユア　レスィートゥ

宿泊代は先にオンラインで精算しておりますので、
追加料金のみの精算となります。

You already paid for your room online. you only have to pay for additional charges.

ユー　オーゥレディ　ペイド　フォー　ユア　ルーム　オンライン　ユーオンリィ　ハフトゥ　ペイ　フォー　オディショナル　チャージズ

チェックアウト

お見送り

ご利用いただき、
ありがとうございました。

Thank you again for staying with us.
センキューアゲイン フォー ステイング ウィズ アス

ホスピタリティの締めとして感謝を伝え、そのほかに困っていることやお手伝いできることがないかお聞きしましょう。

お荷物の多い方には、荷物預かりサービスをお知らせするなど、気づいた点をお声かけしましょう。

会話バリエーション

ご滞在は満足いただけましたか？

Was everything to your satisfaction?
ワズ エヴリスィング トゥ ユア サティスファクション

ご滞在は満足いただけましたか？

Did you enjoy your stay with us?
ディッジュー エンジョイ ユア ステイ ウィズアス

はい。とても快適でした。

Yes, it was great.
イエス イットワズ グレート

よかったです。ありがとうございます。

Great, thank you.
グレィトゥ センキュー

何かお手伝いできることはありますか？

Anything else we can help you with?
エニスィング エゥス ウィキャン ヘルプ ユー ウィズ

タクシーを呼んでもらえますか？

Could you call a taxi?
クッジュー コール ア タクスィ

はい。電話でお呼びします。

Sure, let me make a phone call for you.
シューア　レッミー　メイカ　フォン　コール　フォーユー

20 分後に到着します。

The taxi will come in twenty minutes.
ズィ　タクスィ　ウィウ　カム　イン　トゥエンティ　ミニッツ

駅までのシャトルバスがあります。

There is a shuttle bus to the station.
ゼア　イズ　ア　シャトゥバス　トゥ　ズィ　ステイション

荷物を預かってくれますか？

Could you keep my bags for me?
クッジュー　キープ　マイ　バッグス　フォーミー

はい。16 時までお預かりします。

Yes, we can do it until 4:00 pm.
イエス　ウィ　キャン　ドゥイットゥ　アンティゥ　フォーピーエム

こちらの番号札をお持ちください。

Please keep this tag to get your
プリーズ　キープ　ディス　タグ　トゥ　ゲッチュア

baggage back.
バゲッジ　バック

お預かりしていた荷物はこれで間違いないですか？

This is your bag, right?
ディス　イズ　ユア　バーッグ　ライッ

違います。黒いリュックです。

No, mine is a black backpack.
ノー　マインィズア　ブラック　バックパック

失礼いたしました。こちらのリュックですね。

Excuse me. This one, right?
エクスキューズミー　ディスワン　ライッ

はい。そうです。

Yes, it is.
イエス　イットゥイーズ

またのご利用をお待ちしております。

We look forward to seeing you again.
ウィ　ルックフォワード　トゥ　スィーング　ユー　アゲイン

お気をつけてお帰りください。（これから帰国する方に）

Have a safe trip.
ハヴァ　セィフ　トゥリップ

電話応対

電話で予約を承る

お電話ありがとうございます。
錦ホテルです。

Thank you for calling, this is Nishiki hotel.

センキュー フォー コーリング ディスイズ ニシキ ホテゥ

ご予約のお問い合わせですね。

Would you like to make a reservation?

ウッジュー ライクトゥ メイカ リザベィション

会話バリエーション

こんにちは。予約をしたいのですが。

Hello, I would like to reserve a room.

ヘロー　アイウッドライクトゥ　リザーヴ　ア　ルーム

ありがとうございます。お日にちはいつからですか？

Thank you, from when would you like to reserve?

センキュー　フロムフェン　ウッジューライクトゥ　リザーブ

明日からです。

From tomorrow.

フロム　トゥモーロウ

何泊ですか？

How many nights?

ハウメニー　ナイツ

2泊です。

Two nights.

トゥー　ナイツ

ということは、明日から9月13日まででですね？

That means from tomorrow until the 13th of September. Right?

ザッツゥミーンズ　フロム　トゥモロー　アンティウ　ズィ　サーティーンス　オブ　セプテンバー　ライッ

何名様ですか？

For how many people?
フォー　ハウメニィ　ピーポー

2人です。

We will be two.
ウィ　ウィウビー　トゥー

朝ごはんは必要ですか？

Would you like to have breakfast included?
ウッジューライク　トゥハブ　ブレィクファスト　インクルーデッド

はい。

Yes.
イエス

禁煙ルームですがよろしいですか？

Will a non-smoking room be OK?
ウィウ　ア　ノンスモーキン　ルーム　ビー　オーケイ

はい。

Yes.
イエス

お部屋は空いておりますので予約できます。

We have a room available now so you can reserve.
ウィハヴ　ア　ルーム　アヴェイアブル　ナウ　ソー　ユー　キャン　リザーヴ

よかったです。

Good.
グッドゥ

お電話番号をお願いします。

May I have your phone number please?
メイアイハヴ　ユア　フォンナンバー　プリーズ

電話番号は 0123-4455-6677 です。

My phone number is 0123-4455-6677
マイ　フォン　ナンバー　イズ
ゼィロワントゥスリー　フォーフォーファイヴファイヴ　スイックススイックスセヴンセヴン

お名前を教えてください。

May I ask your name please?
メイアイ　アスク　ユア　ネイム　プリーズ

ジョン・スミスです。

I'm John Smith.
アイム　ジョン　スミス

スペルを教えてください。

Could you spell it for me please?
クッジュ　スペウイット　フォーミー　プリーズ

J・O・H・N・S・M・I・T・H.

J・O・H・N・S・M・I・T・H.
ジェイ　オゥ　エイチ　エヌ　エス　エム　アイ　ティ　エイチ

ありがとうございます。それでは明日から２泊で予約いたしましたので、明日のご来館をお待ちしております。

Thank you. We reserved your room for two nights from tomorrow. We look forward to your stay with us.

センキュー ウィ リザーヴドゥ ユア ルーム フォー トゥ ナイツ フローム トゥモーロウ ウィ ルック フォワードトゥ ユア ステイ ウィズアス

ありがとうございます。さようなら。

Thank you, bye.

センキュー バイ

ありがとうございます。さようなら。

Thank you, goodbye.

センキュー グッバイ

宿泊施設の呼び方

宿泊施設といっても、さまざまな種類があります。日本の旅館は海外でも「Ryokan」と呼ばれることも多くなってきましたが、ここでは、そのほかの呼び方をお伝えします。

- □旅館 → **Japanese traveller's inn** (ジャパニーズトラベラーズイン)
- □温泉旅館 → **hot-spring hotel** (ホットスプリング ホテゥ)
- □ビジネスホテル → **budget hotel／bed&breakfast（B&B）** (バジェットホテゥ ベッドアンブレックファスト ビーアンビー)
- □民泊 → **staying at a private home／airbnb／vocational rental** (ステイング アットア プライベートホーム エアビーエヌビー ヴァケイションレンタゥ)

※厳密には、「民泊」という言葉はありませんが、このような表現で通じるでしょう。
また、「airbnb」はサイト名ですが、今や（口語として）慣用されています。

役立ちツール

日本語で書いた注意の貼り紙やお知らせは活用されている宿泊施設も多いでしょう。外国人のお客様が増えている今、日本語と英語を併記したPOPを掲示しておけば、お客様も店側も安心することができます。

お静かに願います **Quiet please**	土足厳禁 **Please remove shoes**
持ち出し禁止 **Do not remove**	撮影禁止 **No photos**
床が濡れています **Wet floor**	故障中 **Out of order**

旅　館

こちらで靴を脱いでください。

Please take your shoes off.

プリーズ　テイク　ユア　シューズオフ

「日本にせっかく滞在するのであれば、ホテルではなく、和室の部屋に布団で寝てみたい」と、外国人観光客からよくお聞きします。

勝手がわからないお客様にも楽しんでいただけるよう、表情などからもご要望を読み取りながら、心を添えるサービスをいたしましょう。

会話バリエーション

夕食はこちらのお部屋でお出しします。

We will bring your dinner in this room.
ウィウィウ ブリング ユア ディナー イン ディスルーム

お部屋で召し上がりますか？
それとも食堂になさいますか？

Would you like to eat in your room or at the dining area?
ウッジューライク トゥ イート イン ユアルーム オアアットズィ ダイニングエーリア

朝ごはんの希望の時間はございますか？

What time do you want for breakfast?
ホワットタイム ドゥユーウォント フォー ブレイクファスト

館内ではスリッパをご使用ください。

Please use slippers in the hall.
プリーズ ユーズ スリッパーズ インズィホーウ

浴衣はご自由に着てください。

Feel free to wear the yukata.
フィールフリー トゥ ウェア ズィ ユカタ

着方をお教えしましょうか？

Shall I show you how to wear it?
シャルアイショウユー ハウトゥウェアイットゥ

館内は浴衣のまま過ごして構いません。

You can wear yukata through out the halls of the hotel.

ユーキャン ウェア ユカタ スルーアウト ズィホーゥズ オブズィホテゥ

お風呂には部屋のタオルを持参ください。

Please bring your room towel with you in the bath.

プリーズ ブリング ユアルーム タオル ウィズ ユー インズィ バス

タオルはバスタブに入れないでください。

Keep the towels out of the tub.

キープ ズィ タオルズ アウト オブ ズィタブ

身体を洗ってからお風呂に浸かってください。

Make sure you wash your body before getting in the tub.

メイクシューア ユーウォッシュ ユアボディ ビフォア ゲッティング イン ズィ タブ

➔このフレーズは、お風呂場にPOPとして貼っておくとよいでしょう。

トイレではスリッパを履き替えてください。

Please change slippers at the bathroom.

プリーズ チェンジ スリッパーズ アット ズィ バスルーム

お布団の準備で８時に参ります。

We will come to prepare the futons at 8:00 pm.
ウィウィウ カムトゥ プリペア ズィ フトンズ アット エイトピーエム

お布団を敷きにまいりました。

I came to prepare futons.
アイケイム トゥ プリペア フトンズ

単語帳

旅館

□	和室	Japanese-style room ジャパニーズ スタイル ルーム
□	座卓	low table ロゥ テーボー
□	畳	tatami タタミ
□	床の間	alcove アッコーヴ
□	ゆかた	yukata ユカタ
□	帯	band バンド
□	シーツ類	linen リネン
□	金庫	safe セーフ
□	押し入れ	closet クローゼット
□	ハンガー	clothes hanger クローズィーズハンガー
□	ふすま	sliding door スライディング ドーァ
□	中居	room maid ルーム メイドゥ
□	囲炉裏	hearth ハース
□	お刺身	sashimi サシミ
□	鍋料理	casserole キャセロール
□	溶岩焼き	lava grill ラバ グリル
□	庭園	garden ガーデン
□	離れ	cottage コテージ
□	温泉	hot spring ホット スプリング
□	源泉かけ流し	flowing from the source フロウィング フロム ザ ソース
□	露天風呂	open-air bath オープンエアー バス
□	家族風呂	private bath プライベート バス
□	宴会場	banquet hall バンケット ホーゥ

民　泊

身分証を見せてください。

May I see your ID please?

メイアイスィー　ユア　アイディ　プリーズ

暮らすように旅することを好む人々に人気の民泊。だからこそ日本の暮らしのルールを知ることも、楽しんでいただけることでしょう。

ルールやお願い事は最初に丁寧に伝えることを心がけましょう。

会話バリエーション

部屋の中では靴を脱いでください。

Please take off your shoes in the room.

プリーズ テイクオフ ユアシューズ インズィ ルーム

部屋の中は禁煙です。

No smoking in the room.

ノースモーキング インズィルーム

夜 11：00 以降は、部屋の中で大きな音を立てないでください。

Please make sure you keep quiet after 11:00 pm.

プリーズ メイクシュア ユー キープクワイエットゥ アフター イレヴンピーエム

ゴミはこの袋にまとめておいてください。

Use this bag as a garbage bag.

ユーズ ディス バッグ アズア ガーベッジ バック

何か必要だったらすぐ言ってください。

If you need anything, let us know.

イフ ユーニードゥ エニスィング レッアスノウ

お困りのことがあれば、お気軽にお尋ねください。

If you need any help, don't hesitate to ask me.

イフ ユーニード エニイ ヘルプ ドント ヘジテット トゥ アスクミー

これが私の電話番号です。

This is my phone number.

ディスイズ マイ フォンナンバー

こちらのマンションの英語と日本語の住所です。
（メモを渡しながら）

This is the address of this condo in English and in Japanese.

ディスイズ ズィアドレス オブ ディス コンド インイングリッシュ アンド インジャパニーズ

ワンポイント

和製英語に注意しよう

宿泊に関する言葉でも和製英語はたくさんあります。誤って使ってしまいそうな和製英語、通じない表現を以下にまとめてお伝えします。確認してみましょう。

□ドライヤー

→「**hair dryer**」と伝えないと、衣類洗濯の乾燥機と捉える場合もあります。

□コンセント

→電源の差込口は、「**socket**（ソケット）」「**plug**（プラグ）」と表現します。

□リフォーム

→家や建物の改築をするという表現は「**renovate**（リノベイト）」や「**remodeling**（リモデリング）」と言います。

□アポ

→日本では略して言うことが多いですが、正しく伝えるには「**appointment**（アポイントメント）」と言わないと通じません。

□クレーム

→英語では別の意味になりますので、「**complaint**（コンプレイントゥ）」を使いましょう。

□ミス

→この言葉も違う意味になってしまうので、「**mistake**（ミステイク）」と略さずに伝えましょう。

□モーニングコール

→「**wake-up call**（ウェイクアップ コーゥ）」が正しい言葉です。

□フロント

→「**reception desk**（レセプション デスク）」と伝えないと、どこを示しているのか伝わりません。

□モーニングサービス

→朝食での特別なサービスのことは、「**early bird special**（アーリーバード スペシャル）」と表現します。

□クリーニング

→洗濯物の意味でのクリーニングは、「**laundry**（ランドゥリー）」を使います。

ホームステイ

（自分の家にいるように）
くつろいでください。

Make yourself at home.

メイク ユアセルフ アットホーム

初めての家で共同生活をするというのは、だれしも緊張するものです。

緊張をほぐしながら、生活する姿を想像できるような説明をすると、相手も安心することでしょう。お互いがストレスなく生活できるよう、ルールもしっかり伝えておきましょう。

家族を紹介しますね。

May I introduce my family?
メイアイ　イントロデュース　マイファミリー

こちらは私の息子、ダイスケです。

This is my son, Daisuke.
ディスイズ　マイサン　ダイスケ

ダイスケと呼んでください。

Please call me Daisuke.
プリーズ　コーゥミー　ダイスケ

家の中を説明しますね。

Let me show you our rooms.
レッミーショウ　ユー　アワ　ルームス

こちらがあなたの部屋です。

This is your room.
ディスイズ　ユアルーム

洗濯機はいつでも使っていいですよ。

You can use the washing machine anytime.
ユーキャンユーズ　ズィ　ウォッシング　マシーン　エニタイム

この家の門限は夜の 10 時です。

The curfew at this house is 10:00 pm.
ズィ　カーフュー　アット　ディスハウス　イズ　テンピーエム

外出時、ドアに鍵をかけるのを忘れないでください。

Please don't forget to lock the door when you go out.

プリーズ　ドントフォーゲット　トゥロック　ズィ　ドア　ホエン　ユー　ゴー　アウト

冷蔵庫のものは自由に食べてください。

Feel free to have anything in the fridge.

フィーゥ　フリー　トゥハヴ　エニスィング　インズィフリッジ

私が言っていること、わかりますか？

Do you know what I mean?

ドゥユーノー　ホワット　アイミーン

必要なものがあったら言ってください。

Please tell us what you need.

プリーズ　テルアス　ホワット　ユーニード

今日はどんな一日でしたか？

How was your day?

ハゥ　ワズ　ユア　デイ

よく眠れましたか？

Did you sleep well?

ディィッジュースリープ　ウェゥ

あなたは家族の一員よ。

You're part of our family now.

ユーアー　パートオブ　アワファミリー　ナウ

あなたと一緒に素晴らしい時間を過ごせました。

I had a wonderful time staying with you.
アイハドゥ ア ワンダフゥタイム ステイング ウィズユー

単語帳

家・生活

□ 台所	kitchen	キッチン
□ 冷蔵庫	refrigerator	レフリジェレーター
□ 電子レンジ	microwave	マイクロウェイブ
□ 食器	tableware	テーブルウェア
□ 洗濯機	washing machine	ウォッシング マシーン
□ お風呂	bath	バス
□ トイレ	toilet	トイレット
□ ユニットバス	unit bus	ユニット バス
□ ベッド	bed	ベッド
□ 布団	futon	フトン
□ 鍵	key	キー
□ オートロック	auto lock	オート ロック
□ インターホン	intercom	インターカム
□ 電気	electrical	エレクトリカル
□ エアコン	air conditioner	エアーコンディショナー
□ 扇風機	fan	ファン
□ ストーブ	stove	ストウブ
□ 住所	street address	ストリート アドレス
□ 電話番号	phone number	フォン ナンバー
□ 帰宅時間	time to go home	タイム トゥゴー ホーム
□ 起床時間	waking time	ウェイキングタイム
□ 朝ごはん	breakfast	ブレイクファースト
□ 昼ごはん	lunch	ランチ
□ 夕ごはん	dinner	ディナー
□ 外食	eating out	イーティング アウト
□ 送迎	pick-up	ピック アップ

「おもてなし力アップ」に必要なこと

「心を察する力を鍛える方法はありますか ?」

接遇研修の際、このような質問をよくいただきます。その答えは、「その都度、相手を慮ること」に尽きます。しかし、「相手を慮りましょう」と言われても、すぐにできないのが現実。

そこで必要なのは、「心と時間の余裕」です。余裕があるからこそ周囲の困っている人に気づけたり、求めていることを予想することができるからです。

日々忙しく、同じ行動をしていては異なる考え方や行動をするのは難しいもの。さまざまな相手を心からもてなすため、まずはその余裕を意図的につくりましょう。

「習得する＝さらに努力すること」と考えがちですが、ここではあえて「自分のための時間をつくる」とお伝えします。「自分が満たされているから、相手を幸せにできる」とよく言われますが、同じように、余裕があるからこそ、相手が望んでいるものが見えてきます。

英語は単なるコミュニケーションのツールにすぎないと考えています。ポイントは、「心察力」にいかに言葉を添えてお伝えできるかどうかです。

目の前にいる外国人のお客様が初めて接する日本人があなたかもしれません。大げさではなく、ぜひ「日本代表」として「日本のおもてなし」を披露しましょう。完璧な言葉でなくても、笑顔や握手のぬくもりもおもてなしになるのです。

自分の知っている英語を使って、あなたらしい接遇をしてください。きっと、想いは通じると信じています。

著者略歴

パピヨン 麻衣（パピヨン　まい）

Energy Station 代表

大学卒業後、TOYOTA グループ秘書室にて 18 年勤務。さまざまな TOP 役員や国内外の来客対応のシーンで、接遇・おもてなしの経験を積む。チームリーダー就任により部下のマネジメントが加わったこともあり、人の心理を察する能力をさらに深めるため、日本メンタルヘルス協会公認カウンセラー資格を取得。
退職後に独立し、現場ですぐに活かせるノウハウを伝える研修講師、また個人や企業社員に向けて心理カウンセラーとしても活躍中。米国での留学経験や海外からの来客接遇経験＋心理面を融合させた英語接遇研修に定評がある。
現在はカナダをベースに日本とのデュアルライフを進行中。

https://www.energy-station.biz/

ネイティブチェック　黒田真理
Frederic Papillon

飲食店・ショップ・宿泊施設　シンプルだからすぐに話せる！
ひとこと接客英語

2020 年 2 月 24 日　初版発行
2024 年 5 月 17 日　2 刷発行

著　者 ―― パピヨン麻衣

発行者 ―― 中島豊彦

発行所 ―― 同文舘出版株式会社

東京都千代田区神田神保町 1-41　〒 101-0051
電話　営業 03（3294）1801　編集 03（3294）1802
振替 00100-8-42935
https://www.dobunkan.co.jp/

ISBN978-4-495-54055-5
印刷／製本：三美印刷
Printed in Japan 2020